Irene Hanappi · Stefan Schomann

Lesereise Slowenien

Irene Hanappi
Stefan Schomann

Lesereise Slowenien

Erkundung eines Miniaturkontinents

Picus Verlag Wien

Grafische Gestaltung: Dorothea Löcker, Wien
Umschlagabbildung: © Sergey Novikov / Adobe Stock
Druck und Verarbeitung:
EuroPB, s.r.o., Tschechische Republik
ISBN 978-3-7117-1118-2

Informationen über das aktuelle Programm
des Picus Verlags und Veranstaltungen unter
www.picus.at

Inhalt

Zwei Slowenen – ein Chor

Ein Land und seine Leute

Lange Zeit existierte Slowenien nur als Traum. Tauchte in den Köpfen der Menschen auf und verschwand wieder. Blieb in ihren Liedern und Melodien. War als Sprachinsel vorhanden. Als etwas Ephemeres, denn Sprache stirbt aus, sobald niemand sie mehr spricht.

Auf der Landkarte ist es erst seit 1991 verzeichnet. Davor gab es zwar die Slowenen, aber kein Slowenien. Als Anfang der neunziger Jahre die Republika Slovenija gegründet wurde, waren Künstler, Grafiker, Komponisten und Designer aufgerufen, etwas, das bisher nur ein gedankliches Gebilde gewesen war, in visuelle und klangliche Formen zu gießen. Flagge, Hymne, Wappen und Uniformen entstanden. Und seit 2007 auch eigene Euromünzen, wobei es die mit der Eins drauf ist, die allseits besondere Aufmerksamkeit genießt.

Der darauf dargestellte, streng dreinblickende Mann ist Primož Trubar, Reformator und Verfasser des ersten auf Slowenisch gedruckten Buches. Sein »Catechismus in der Windischen Sprach« versprach im Untertitel eine kurze Anleitung zu sein, »mit welcher jeder Mensch in den Himmel kommen kann«. Ein Versprechen, das seine Wirkung nicht verfehlte, das man sich von Generation zu Generation stets zu Herzen nahm. Denn die Slowenen waren nicht nur seit 1456 treue Untertanen der Habsburger, auch innerhalb Jugoslawiens galten sie als die Verlässlichsten und Fleißigsten.

Zur Sprache, die Primož Trubar kodifizierte, entwickelten sie eine starke emotionale Bindung. Sie trat an die Stelle des eigenen Reiches, das es nie gegeben hat. Über das gesprochene und geschriebene Wort hielt man das Gefühl der Zusammengehörigkeit lebendig.

Doch ohne den genialen France Prešeren, der im 19. Jahrhundert die slowenische Poesie mit einem Schlag auf die Höhen der Weltliteratur führte, stünde es schlecht um die »slowenische Sache«. Prešerens schönste Gedichte sind seiner Liebe zu Julija gewidmet, einer reichen Kaufmannstochter, die ihn zurückwies. In seinem persönlichen Drama, dem Bangen und Hoffen erkannte das Land sich wieder. Das verhinderte Lebensglück des Dichters machte ihn zur Galionsfigur einer ganzen Nation.

Prešerens Werk ebnete den Weg zur Genesis Sloveniensis, die 1848 einsetzte, als erstmals das Recht auf Selbstbestimmung eingefordert wurde. Die »Zdravljica«, ein unbeschwertes Trinklied, lieferte dann 1991 auch den Text für die neue Nationalhymne. In der siebenten Strophe heißt es:

Ein Lebehoch den Völkern,
die sehnend nach dem Tage schau'n,
an welchem aus dem Weltall
verjaget wird der Zwietracht Grau'n;
wo dem Freund
Freiheit scheint,
und wo zum Nachbar wird der Feind.

Neben Freiheit, Gleichheit, Brüderlichkeit – den Prinzipien der Französischen Revolution – klingt auch der Wunsch nach Frieden durch. Die nationale

Sache wurde ohne Blutvergießen vorangetrieben – ein ganz zentrales Element im Selbstverständnis der Slowenen. Wir haben nie einen Angriffskrieg geführt, hört man immer wieder im Gespräch.

Der Klang der Sprache, deren Schönheit in der Häufung melodiöser Wörter und ausdrucksstarker Verben zu finden ist, tröstete über die Selbstverleugnung hinweg. Denn es war sicherlich nicht leicht, sich innerhalb der Habsburgermonarchie, gegenüber weit mächtigeren Nachbarn zu behaupten. Über Jahrhunderte bewiesen die zahlenmäßig schwächeren Slowenen – offiziell sprach man von Krainern, Kärntnern, Unterkrainern, Untersteirern – eine erstaunliche Hartnäckigkeit im Abwehren oder Zurückweisen magyarischer, italienischer und germanischer Einflüsse.

Dass dem Dichter Prešeren und nicht etwa einem Volkstribun oder Kriegshelden auf dem damaligen Marienplatz im Herzen Ljubljanas 1905 ein Denkmal errichtet wurde, zeichnet ein spezifisches Selbstbild, an dem bis heute festgehalten wird. Das um sein Reich betrogene Volk ehrt den über alles Menschliche erhabenen Dichterfürsten. Schülerinnen, die in Gruppen fast täglich hergeführt werden, blicken ehrfurchtsvoll zu ihm empor. Überirdisch groß wacht Prešeren über das Land, während Rudolf Maister, dem die Geschichtsbücher die Rolle des Vaters der Nation zuschreiben, auf seinem dahinschreitenden Ross eher filigran erscheint. Das 1999 in Ljubljana errichtete Denkmal zeigt den Mann, der die Territorien in der Untersteiermark und in Kärnten zu Slowenien gebracht hat, nicht in Uniform, auch fehlt ihm eindeutig die Siegerpose. Sollte im Gedächtnis der Nation auch er, der seit seiner

Kadettenzeit schon Gedichte schrieb, als Künstler lebendig bleiben?

Gut möglich. Denn dem Temperament der zur Melancholie neigenden Menschen hier entspricht der Dichter mehr als der General. Für die unzähligen Lieder, die bis heute gesungen werden, geben *Ljubezen* – Liebe – und *Dežela* – Heimat – die am meisten gebrauchten Motive ab. Zweitausendfünfhundert Chöre im Land widmen sich der Kunst, die menschliche Stimme erklingen zu lassen. »Zwei Slowenen – ein Chor«, sagt man, und es kommt tatsächlich vor, dass zwei Leute, die beisammensitzen, einfach so zu musizieren beginnen. Aus dem Stegreif. Ohne Noten vom Blatt zu lesen oder gar lange zu proben. Genauso gut kann es passieren, dass man irgendwo auf dem Land ein Wirtshaus betritt und unerwartet die Darbietung einer jungen Künstlerin erlebt. Das Singen spielt im slowenischen Alltag eine weitaus größere Rolle als anderswo. Es war ein Stück Selbstbehauptung. Und ein probates, unverfängliches Mittel, der Vorherrschaft der deutsch-österreichischen Kultur zu begegnen.

Viele Slowenen lebten innerhalb des Habsburgerreichs inkognito in Bezug auf ihre Zugehörigkeit. Wer denkt bei Hugo Wolf, dem Komponisten, schon an Slowenien? Dass Anton Janša, Pionier der Bienenzucht, Slowene war, erfahren Spaziergänger im Wiener Augarten erst durch eine nach der Jahrtausendwende angebrachte Tafel. Und Jože Plečnik, Architekt und erfolgreichster Schüler Otto Wagners, gibt in einem seiner Briefe gar zu: Wer ein Hatschek im Namen trägt, hat immer mit Nachteilen zu kämpfen.

Traf man sich auf der Straße, sprach man Deutsch miteinander. Dass jemand Slowene war, merkte man höchstens daran, dass er die Mutter *Mati* oder *Matica* nannte und er selbst Janez, Vanja oder Žan gerufen wurde und nicht Johann. Janez Puh alias Johann Puch erging es so. Der »österreichische Henry Ford«– erfolgreichster Automobilbauer des Landes – erblickte 1862 in der Untersteiermark als zweites Kind einer bitterarmen Familie das Licht der Welt. Seine Erfolgsstory setzt ein, als er 1889 in Graz eine Fahrradwerkstätte eröffnet und das erste Puch-Rad ausliefert. Das Puch Waffenrad ist wie das Puch Moped oder der Puch 500 – im Volksmund »Pucherl« oder »Puch-Schwammerl« – ein Kultobjekt geworden, ein Stück »Austrianess« fast vom gleichen Rang wie die Sachertorte, die Lederhose oder das Dirndl. Die »Puchianer« mögen sich über die Zugehörigkeit ihres Helden streiten, Slowenien hat dabei längst schon gewonnen, denn im Geburtsort Sakušak steht seit 2000 ein Lehmhaus, das die Charakteristika der damaligen Zeit trägt und als Museum für Janez Puh eingerichtet wurde. Gefeiert wird der Mensch. Und der geniale Erfinder. Dass Puch selbst es liebte, in die Pedale zu treten und siegreiche Radrennfahrer unter Vertrag hatte, weist ihn ein weiteres Mal als »echten *Slovenec*« aus.

Die Liebe zum Sport ist den Slowenen in die Wiege gelegt. Haben nicht die beiden Helden der Tour de France Tadej Pogačar und Primož Roglič schon in jungen Jahren erste Wettkämpfe gewonnen? Und waren es nicht die Bauern aus der Krain, die erstmals auf Skiern verschneite Hänge hinunterflitzten? Den Beweis dafür liefert Johann Weichard Valvasor (slowenisch Janez Vajkard Valvasor) in seiner 1689 erschienen Dokumentation über »Sprache, Trachten, Sitten und Gebräuche des krainischen Volkes«. Hier im Originalton sein Bericht über die Skifahrer der ersten Stunde: »Sie nehmen zwey hülzerne Brettlein. Vorn seynd solche kleine Brettlein gekrümmt und aufgebogen: mitten drauf, hafftet ein lederner Riemen, darein man die Füsse steckt. Auf jedweden Fuss thut man von solchen Brettlein eines …«

Die Begeisterung für die Berge schlägt ganz offensichtlich auch im südöstlichen Teil der Alpen lange schon feste Wurzeln. Wer etwas auf sich hält, muss mindestens einmal den höchsten Gipfel des Landes erklommen haben, sagt ein ungeschriebenes Gesetz. Der Triglav mit seinen zweitausendachthundertvierundsechzig Metern ist ein mythischer Ort. Seine dreizackige Kontur findet sich im Wappen und auf der Flagge Sloweniens wieder. Bis heute wächst jedes Kind mit der Sage vom *Zlatorog* (dem »Goldenen Horn«) auf. Sie handelt von einem weißen Gamsbock mit goldenen Hörnern, der hoch oben im Triglav einen Schatz hütet und vor der Gier der Menschen bewahrt, so lange, bis ein Jäger kommt, um ihn zu erschießen. An der Stelle, wo sein Blut die Erde benetzt hat, wächst eine Blume aus dem Boden, die *Zlatorog* neues Leben schenkt. Doch es kommt nicht zum Happy End: In seinem Zorn zerstört das Tier alles um sich herum, verschwindet und ward nie mehr gesehen. Der Schatz blieb unentdeckt und ruht bis heute im Triglav.

Es macht keinen Sinn, fremden Reichtümern nachzujagen … Auch wenn es so aussieht, als wäre man besiegt, wächst aus dem Ureigensten, der eigenen Identität neue Kraft. So könnte die Sage interpretiert werden. Bescheidenheit wird in Slowenien als Tugend angesehen, und als Lebensmotto in Familie, Schule und Arbeitswelt gilt: Du kannst alles erreichen, wenn du nur hart genug arbeitest.

Längst hat die Welt sich schon daran gewöhnt, bei Olympischen Spielen oder Weltmeisterschaften die slowenische Hymne zu hören. Sportlerinnen und Sportler aus dem kleinen Land mit knapp zwei Millionen Einwohnerinnen und Einwohnern erringen Höchstleistungen in fast allen Disziplinen – nicht nur im Radrennfahren, auch bei großen Ruderregatten, im Fliegen, beim Angeln, im Slalom, beim Basketball oder Volleyball. Jüngst auch im Klettern – wo Janja Garnbret, Kosename »The G.O.A.T«, als Königin der gefährlichen Disziplin gefeiert wird. Misst man die Anzahl der gewonnenen Medaillen an der Einwohnerzahl, wäre es also gar nicht so falsch, von einer »Grande Nation« zu sprechen.

Wir sind zwar ein kleines Land, hört man oft sagen, aber … und dann wird aufgezählt: Wir gehören zu den waldreichsten Gebieten Europas, bei uns gedeiht die älteste Rebe der Welt, und wir haben den größten Sickersee auf Erden. Wir haben auch die meistbesuchte Höhle Europas. Und den tiefsten und längsten unterirdischen Canyon …

Vierundzwanzigtausend Tierarten, so viele wie nirgendwo sonst in Europa, teilen sich hier den Lebensraum, geht die Aufzählung weiter. Darunter auch die Etruskerspitzmaus – »das kleinste Säugetier der Welt«, wird dann noch schnell hinzugefügt. Die größte Braunbärenpopulation in diesen Breiten mit an die siebenhundert Exemplaren lebt ebenfalls auf slowenischem Boden.

Wie um das Schattendasein ein für alle Mal abzulegen und endlich Sichtbarkeit zu erlangen, hat man sich angewöhnt, alles, was Land und Leute betrifft, in einem größeren Zusammenhang zu sehen, innerhalb einer Größenordnung, eines Rankings darzustellen.

Gerne werden zur Untermauerung der Erfolge Zahlen genannt. Das betrifft nicht nur die Wirtschaft. Statistiken listen selbst die Anzahl von Brotsorten auf – es sind über zweihundert! –, dokumentiert von Professor Janez Bogataj, dem kulinarischen Gewissen der Nation.

Ein Land von Ehrgeizlingen? Von Musterschülern? Von Erbsenzählern?

Könnte man meinen, wäre da nicht diese sympathische Retromania, die nichts Gestriges oder Verkorkstes hat, sondern sich modern gibt und ganz natürlich rüberkommt. Fundstücke vom Dachboden – Krüge, Sodawasserflaschen, Reisekoffer, Vogelkäfige, Bügeleisen –, Dinge, die an die gute, alte Zeit erinnern, finden sich in jedem Haushalt und in so mancher *Gostilna* auf dem Land. Zweifellos auch bei der besten Köchin der Welt – Ana Roš aus Kobarid, ebenfalls eine Slowenin. Wie könnte es auch anders sein?

IH

Wenn Steine sprechen könnten

Wanderung im Karst vom Hochland zum Meer

Sich den Traum vom Meer erwandern. Sich Schritt für Schritt einer Szenerie nähern, die aus nichts als glitzerndem Blau und salziger Luft besteht, während die andere Welt, die der Berge, als inneres Echo noch nachhallt, aber nie wirklich verstummt, denn würde man innehalten und den Blick nach rückwärts wenden, sähe man sie in der Ferne aufragen, die schneebedeckten Gipfel. Sie lassen einen nicht los.

Der Karst, berühmt für seine Naturphänomene – die Höhlen, die Sickerseen, die unterirdischen Wasserläufe –, existiert als eine »Welt dazwischen«, als Zwischenreich am Übergang zwischen Nord und Süd, zwischen den Dinarischen Alpen und dem Golf von Triest.

Die Wälder, die es früher einmal gegeben hat, wurden längst abgeholzt, fruchtbare Erde fegte der Sturm hinweg. Denn hier heroben hat nicht etwa ein Herzogen- oder Fürstengeschlecht das Sagen, sondern die Bora, der unbändige Nordostwind, der bis zu zweihundertvierzig Stundenkilometer erreichen kann.

Für die Fortbewegung zu Fuß ist der Karst wie geschaffen. Wege und Schotterstraßen führen eben dahin und nichts engt den Blick ein. Das Gehen wird zur besonderen Erfahrung, zur Übung im Schauen und im Achtsamsein. Mit jedem Schritt liegt sie einem mehr am Herzen, diese Landschaft, die so betont anders ist. Es heißt, sie sei nicht schön. Manche haben sie mit einer Steinwüste nach der Sintflut verglichen, einem »Trümmerfeld ungeschlachter grauweißer Formen«, einem »furchtbaren versteinerten Schrei«.

Doch stimmt das? Was Reiseschriftsteller vor hundert Jahren dazu bewog, von »Verwüstung« und »Monotonie« zu schreiben, kommt uns, die wir so vielen Reizen ausgesetzt sind, gerade recht. Eine Stunde über Feldwege und Dorfstraßen zu marschieren, ohne einem einzigen Auto zu begegnen, ist ein sehr exklusives Erlebnis. Fast schon Luxus. Statt die Welt zu betrachten, sie in ihrer Bildhaftigkeit zu erfassen, nimmt man sie körperlich wahr.

Zunächst die Stille. Für manche mag sie schwer zu ertragen sein. Sie senkt sich auf einen herab in ungeheuerlicher Intensität. Und eröffnet neue akustische Erfahrungen. Wann – und vor allem wo – ließ sich jemals der Flügelschlag eines Schmetterlings vernehmen? Mag sein, es war nur Einbildung. Die Feinabstimmung des Gehörs jedenfalls nimmt mit jedem zurückgelegten Kilometer zu. Zunächst ist es aber nur das Rauschen der Föhren, deren haushohe Wipfel tanzen und schwingen im Wind, auf das man aufmerksam wird. Oder Vogelgezwitscher, manchmal so laut, als käme man gerade an einer Voliere vorbei. Mit der Zeit aber ist man in der Lage, auch den Windhauch zu hören, den Atem des Himmels.

Über diese Hochebene zu wandern, heißt schweben. Schweben im unbegrenzten Raum. In unbegrenzter Weite. Die durch das Fehlen starker Kontraste akzentuiert wird. Wie immer man es nennen mag, ob Gleichklang oder Eintönigkeit, die karstgraue Masse zwingt einem die Beschäftigung mit sich selbst auf. Einen Moment lang entkoppelt man sich vom »Draußen« und hält Einkehr ins »Drinnen«. Diese innere Ruhe ist dem Fehlen dramatischer Naturelemente geschuldet. Es gibt keine Vertikalen wie Gipfel, Felswände, Wasserfälle. Alles bleibt in der Horizontalen. Die Häuser sind in einer Reihe angelegt, sodass sie dem Wind standhalten, eine Barriere bilden, die Windsbraut bändigen können. Die Steinmauern, die als Einfassung der Wege dienen und die Felder umzäunen, ziehen mal gerade, mal geschwungene Linien durchs Grün, genau wie die Reben, die entlang von Holzpflöcken gezogen werden.

Nichts sticht hervor. Keine Schlösser oder Herrenhäuser inmitten der Siedlungen, die auf eine Differenzierung in Arm und Reich, in Bäuerlich oder Aristokratisch hätten hindeuten können. Markant sind einzig die Kirchtürme. Den Kampaniles nachempfunden, bezeugen sie die Nähe zu Venedig. Manche stehen neben dem Gotteshaus und verfügen über eine kunstvoll ziselierte Spitze. Meisterwerke der Steinmetzarbeiten sind das. An der Uni in Sežana sorgt der Studienzweig »Steindesign« dafür, dass dieses alte Handwerk nicht ausstirbt.

Dächer, Wände, Mauern, Wege … Alles hier besteht aus Stein. Sogar die Türangeln in den Häusern. Was anderswo das Holz ist, ist hier der Stein. Er scheint aus dem Boden zu wachsen. Um die Erde bestellen zu können, mussten die Menschen sie erst einmal von den Felstrümmern befreien. In Handarbeit schichteten sie die Gesteinsbrocken am Rande der Felder auf. So entstanden die für den Karst charakteristischen Trockensteinmauern, die mittlerweile zum immateriellen Weltkulturerbe gehören. Ohne

Mörtel und ohne Zement errichtet, legen sie Zeugnis ab von der Geschicklichkeit der Hände und der Geduld der Gemüter. Noch heute kann man beobachten, wie ältere Menschen sich bücken, einen Stein, der ihnen im Weg liegt, aufheben und der Mauer am Wegesrand hinzufügen. Es ist wie ein Reflex, der sich in die DNA der Bewohnerinnen und Bewohner eingeschrieben hat.

Die Distanz zwischen den Dörfern beträgt nie mehr als eine Wegstunde. Das Gehen war und ist die adäquate Bewegungsform in dieser Landschaft, die aus Weideflächen, Weingärten, Waldstücken besteht. Da und dort leuchtet das Rot der Erde in den windgeschützten Mulden, wo Getreide und Mais angebaut wird. Von dieser »Terra rossa« erhielt der Teran, der charaktervolle Wein der Gegend, seinen Namen. Von seiner dunkelvioletten Farbe und seinem hohen Anteil an Säure- und Mineralstoffen geht eine fast magische Wirkung aus. Sie trug ihm den Ruf ein, Heilmittel zu sein.

Das Wenige, das wächst, belohnt den Fleiß der vielen Hände. Das gilt nicht nur für den Wein. »Die Kraft kommt aus der Kargheit«, sagt man hier. Die Ziegen, Schafe und Lämmer aus dem Karst lieferten besonders schmackhaftes Fleisch, das auf den Märkten in Venedig und Umgebung sehr gefragt war. Das Getreide, das in den Dolinen, den von Steinmauern geschützten Feldern, gezogen wurde, war dünnschaliger und mehlreicher als das übrige und erzielte bessere Preise. Der Thymian, der Salbei und der Rosmarin, die am Wegesrand wachsen, sind zäher und duften intensiver.

Die Jahreszeiten im Karst zeichnen sich deutlich voneinander ab. Man kann jeder von ihnen eine bestimmte Farbe zuordnen. Der Januar gehört dem blasslila Krokus, der März dem »falschen Jasmin«, der mit seinen kleinen gelben Blüten an Forsythien denken lässt. Strahlend blau folgt im Sommer die Männertreu-Distel und feuerrot färbt im Herbst der *Ruj* (Cotinus coggygria) die Weiden. Weil er sowohl Hitze als auch Trockenheit verträgt und auf kalkhaltigen Böden gedeiht, ist er der Karstbewohner schlechthin. Aus den Blüten bilden sich Früchte mit langen, welligen, seidigen Haaren in Rosa- und Brauntönen, was ihm im Deutschen den Namen Perückenstrauch einbrachte. Wie der Teran, der *Pršut* und die Bora ist der *Ruj* Teil der Identität hier im Karst.

Der Weg zum Meer verläuft nun als schmaler, gerader Pfad. Und die Steine werden immer mehr zu Vertrauten. Sie wirken alle in etwa gleich groß, haben nichts Monumentales oder Skulpturales, auch sind keine Megalithen darunter, nur unförmige, reglose Körper. Unwillkürlich denkt man an das Märchen vom Mädchen, das seine verschwundenen Brüder sucht und entlang des Weges nichts als Steine vorfindet. Die einen schwarz, die anderen weiß. Als sie sie mit Wasser aus einem Krüglein begießt, verwandeln die einen sich in Pferde, die anderen in Menschen, darunter auch der Prinz, der zu ihr sagt: »Weil wir hochmütig und herzlos gelebt haben, sind wir zu Steinen erstarrt. Jetzt hast du uns erlöst.«

Auf demselben Weg, den wir gerade gehen, sind einst junge Bäuerinnen in Bastschuhen, ein Gefäß mit Obst, Blumen oder Milch auf dem Kopf, dahingeschritten Richtung Triest, wo sie auf dem Markt ihre Waren feilboten. In umgekehrter Richtung, aus der Stadt am Meer kommend, trafen Kutschen oder

Pferdefuhrwerke mit Ausflüglern ein. Denn seit 1821 Josef Ressel, seines Zeichens kaiserlich-königlicher Marineforstintendant der küstenländischen Domäneninspektion, den Karst mit Schwarzkiefern aufforsten ließ, galt die Hochebene als Luftkurort. Man kam hierher, um der Hitze und dem Staub zu entfliehen. In Komen gab es gar ein Hotel und gut ein Dutzend Privatunterkünfte.

Wichtigstes Ziel der Ausflügler waren die *Osmice*, die Buschenschanken. Wie in Wien gehen sie auf einen Erlass Josephs II. zurück, der es Weinhauern gestattet, ein- bis zweimal pro Jahr für circa zehn Tage den Buschen vor die Tür zu hängen – im Karst sind es Holzpfeile und handgemalte Pappschilder –, um Gästen kundzutun, dass »ausg'steckt is« und sie hier bewirtet werden, mit allem, was Keller und Vorratskammer so hergeben.

Die Härte, der die Karstbewohnerinnen seit Jahrhunderten ausgesetzt sind, hat sie nicht hart werden lassen. Sie sind nicht versteinert. Im Gegenteil, es sind Menschen mit einer starken Präsenz und Gesinnung. »Mein Wein ist kein Produkt, sondern mein Werk und die Seele des Bodens«, darauf wird Marco jeden hinweisen, der bei ihm vorfährt, um einfach nur Wein einzukaufen. »Du teilst, was du hast, und du teilst, woran du glaubst«, bekommt man von Tanja, die touristische Projekte im Karst leitet, zu hören. »Es ist eine gefährliche Reise, dort unten gibt es keinen Handyempfang und es ist stockfinster«, wird Dario warnen, bevor er uns zu seinem Arbeitsplatz – siebzig Meter unter der Erdoberfläche – mitnimmt. Dario ist Landwirt, er erzeugt den *Jamar*, einen Höhlenkäse, der vier Monate bei idealer Temperatur und in absoluter Dunkelheit reift und bei Ada im Gasthaus »Spacapan« verkostet werden kann. Goran, der Unternehmer schließlich, wird vor deinen Augen Debela Griža wieder auferstehen lassen, eine der zwölf prähistorischen Befestigungsanlagen, die um 1900 im Hinterland von Triest entdeckt und wissenschaftlich dokumentiert wurden. Er hat das Gebiet nahe der Ortschaft Volčji Grad auf eigene Kosten roden lassen, um die hier vor dreitausend Jahren aufgeschichteten Steinwälle freizulegen. Bis 2025 will er einen archäologischen Park errichten, ein Open-Air-Museum, das veranschaulichen soll, wie Metall bearbeitet, Tiere gehalten und Gefäße getöpfert wurden. Der Karst wird als Kulturlandschaft von europäischer Tragweite in die Geschichte eingehen, davon ist er überzeugt.

Was nicht heißen mag, dass die jüngste Gegenwart ausgeblendet wird. Ihre Schwere lastet auf vielen Ortschaften, und selbst draußen im Nirgendwo kann es vorkommen, dass man plötzlich wie in Brje pri Komnu vor einem Soldatenfriedhof steht. Denn während der Isonzoschlachten des Ersten Weltkriegs war der Karst unmittelbares Frontgebiet. Im Zweiten Weltkrieg wurde Komen, der blühende Ferienort, dem Erdboden gleichgemacht und die Bevölkerung verschleppt, wie auf zweisprachigen Tafeln – Slowenisch und Englisch – am Kirchplatz dokumentiert ist. Nach 1945 brachen erneut schwierige Zeiten an, der Eiserne Vorhang senkte sich zwischen Italien und Jugoslawien herab. Den Leuten wurde nahegelegt, in die Fabrik arbeiten zu gehen, das bäuerliche Erbe war plötzlich nichts mehr wert, man schämte sich dafür.

Das änderte sich erst, als um 1990, nach der Gründung der Republik Slowenien, Künstler und TV-Stars die alten Steinhäuser zu einem Spottpreis erwarben und ihre Wochenenden hier verbrachten. Wenn es den Künstlern, den Schriftstellern und den Schauspielerinnen hier gefällt, sagte man sich, dann muss wohl was dran sein.

Im Gehen halten wir jetzt immer öfter inne. Die Orte heißen jetzt Ceroglie, Visogliano oder Malchina und sind zweisprachig angeschrieben. Auch die Vegetation macht deutlich, dass wir eine Grenze überschritten haben, eine Grenze, die es seit 2004 nicht mehr gibt. Die Häuser tragen rote Ziegeldächer und werden da und dort von mächtigen Zedern überragt, in den Gärten stehen Terrakottagefäße mit Oleandern. Zwischen den schlanken Baumstämmen scheint gleißendes Licht hindurch. Der letzte Abschnitt ist erreicht. Ab nun gehen wir stetig auf diesen glitzernden Streifen am Horizont zu: das Meer!

IH

Die Frau mit dem Koffer

Drei literarische Schauplätze

Reisende soll man nicht aufhalten, doch vielleicht können wir die Dame, die da vom Bahnhof in Celje oder Cilli, wie es in ihrer Jugendzeit noch hieß, geradewegs Richtung Innenstadt strebt, in einen Paletot gehüllt und mit einem exotischen Hut unklarer Herkunft bewehrt, einen stabilen Koffer in der Hand und ebenso stabiles Schuhwerk an den Füßen, vielleicht können wir sie, Alma M. Karlin nämlich, ja doch kurz ansprechen und ein paar der Fragen an sie richten, die uns beschäftigen, seit wir mit ihren Büchern und mit ihrem Leben nähere Bekanntschaft geschlossen haben.

»Ich muss«, sagt dieses Gesicht, das zugleich angestrengt und verträumt wirkt. Muss auf und davon, muss mehr schreiben, muss schon auch berühmt werden. Habe viel hinter mir und hoffentlich noch viel vor mir. Möchte einmal rund um die Welt, um von der anderen Seite her wieder zurückzukehren. Und glauben Sie bloß nicht, dass ich das nicht schaffe, nur weil ich kein Geld habe und keinen Namen und keine Protektion. Oder weil ich eine Frau bin, ganz leicht und zierlich obendrein. Ich kann das und ich will das.

Ihr Wille war mindestens so fest wie die Bronze, aus der ihr Denkmal auf dem Krekplatz gegossen ist. Der Standort am Saum der Altstadt ist gut gewählt, umströmt von Passanten, den Bahnhof und das Hotel Evropa in Sichtweite. Für passionierte Reisende sind beides, Bahnhöfe wie Hotels, erogene Zonen, sie stimulieren ihre Fantasien und Reflexe. Und sie verheißen Freiheit.

Als Alma Karlin mit knapp dreißig Jahren ihre Visitenkarte drucken ließ, fügte sie zwei Attribute hinzu. Einmal den Mittelnamen Maximiliana, schickte sie, die immer die Kleinste war, sich doch an, die Größte zu werden. Er erschien ihr dann jedoch selbst etwas pompös, sodass sie ihn zu »M.« verkürzte, doch auch so war er noch imposant genug, ein typografischer Elefant. Der zweite Zusatz war das Prädikat »Schriftstellerin«. Was damals eher einer Zielvorgabe gleichkam, mehr Ruf war als Beruf. Sie hätte auch »Zauberin« draufschreiben können. Dann, an einem ungastlichen Novembertag des Jahres 1919, begab sie sich zum Bahnhof von Celje, um in die Welt hinauszufahren. Sie hatte keine Pläne und nur bescheidenste Ersparnisse. Ihre beiden wichtigsten Reisebegleiter waren der Zufall und ihre Schreibmaschine Marke Erika. Drei Jahre, schätzte sie, würde sie wohl unterwegs sein. Um dann zurückzukehren, »weisheit- und ruhmbeladen«. Es wurden acht Jahre daraus, und tatsächlich erlangte sie schließlich als Reiseschriftstellerin Berühmtheit, nachdem sie ihre Erlebnisse zu einer Trilogie verarbeitet hatte: »Einsame Weltreise«, »Im Banne der Südsee« und »Erlebte Welt – das Schicksal einer Frau«. Dazwischen und danach brachte sie einige Romane und Erzählungen heraus, die ebenfalls in fernen Gefilden spielten. Darunter fein abgezirkelte Spukgeschichten, auch manche Liebes- und Beinaheliebesgeschichte. Gegen Ende ihres Schaffens wandte sie sich, ähnlich wie Karl May, der Mystik zu, wobei sie immer schon an Esoterik und Theosophie interessiert gewesen war.

Um ihre Lebensgeschichte kennenzulernen, gibt es keinen besseren Ort als das Regionalmuseum von Celje, das auch ihre umfangreichen Sammlungen verwahrt, Fundsachen vom Nashornkäfer bis zur Meeresschnecke und vom japanischen Rollbild bis zur balinesischen Schattenspielfigur. Kuratorin Barbara Trnovec, die beste Kennerin von Leben und Werk der Karlin, hat die beiden Ausstellungsräume gestaltet und parallel eine ebenso kluge wie liebevolle Monografie herausgebracht. Gerade darin, dass sie sich gängigen Zuordnungen entzieht, sieht sie die besondere Qualität der Autorin: »Sie überwand die Grenzen ihrer körperlichen Unzulänglichkeiten, die Grenzen ihres Geschlechts, die Grenzen der Gesellschaftsschicht, der sie angehörte, die Grenzen ihrer konstruierten nationalen Identität, die Grenzen physischer Entfernungen und auch die Grenzen des Zeitgeistes.« Sie war, im emphatischen Sinne, eine Randfigur. Als sie 1888 geboren wurde, galt Cilli als die südlichste Stadt des deutschen Sprachraums. Fast drei Viertel der Bevölkerung waren deutsch, ein Viertel slowenisch. Nach 1919 kehrte sich das Verhältnis schlagartig um. Alma Karlin gehörte beiden Welten an, und der ganzen Welt dazu. Ihr radikaler Aufbruch war auch eine Flucht vor der überbehütenden Mutter und dem spießbürgerlichen Milieu. Sie fand zu sich selbst, indem sie sich reisend neu erfand.

Obwohl sie sich während des Zweiten Weltkriegs den Partisanen anschloss, wurde sie von jugoslawischer Seite nie akzeptiert und geriet als Autorin gänzlich in Vergessenheit. Sie starb 1950 nach langer

Krankheit und in dürftigen Verhältnissen. Auch nach der Unabhängigkeit Sloweniens war sie vielen noch suspekt; ausgerechnet die Nationalisten hielten ihr Nationalismus vor. Inzwischen aber ist sie auf dem Weg zur Kultfigur, und Celje behandelt sie als eine Art Ehrenbürgerin. Was nicht zuletzt das Verdienst von Barbara Trnovec ist. Gefragt, warum sie sich ihr zwei Jahrzehnte lang verschrieben hat, erklärt sie: »Sie hat nie taktiert. Sie sagte, wovon sie dachte, dass es zu sagen nötig wäre.« Solche Menschen gibt es zu jeder Zeit und in jeder Sprache zu wenig.

Als Grenzfall ist Alma Karlin beinah schon wieder ein typischer Fall innerhalb der slowenischen Literatur, zumal heute, da das Interkulturelle das Nationale als Leitidee verdrängt zu haben scheint. Wobei der Sprachraum, wie Erwin Köstler, einer der profiliertesten Übersetzer aus dem Slowenischen, erklärt, »stets andere Konturen hatte und hat als das heutige Staatsgebiet. Die Minderheiten haben ebenso an der slowenischen Literatur mitgeschrieben wie die Diaspora.« Kein geografisches Territorium galt es zu repräsentieren, sondern ein geistiges. Für ein Land, das über Jahrhunderte hinweg keines war, das weder über eine eigene Regierung noch über eine eigene Armee verfügte, besitzen Sprache und Kultur eine noch weit tragendere Funktion als für etablierte Staatsgebilde. »Ohne unsere Literatur hätten wir als Nation nicht überlebt«, befindet Mihael Kovač, Professor für Buchwissenschaft in Ljubljana und einer der Kuratoren des Auftritts von Slowenien als Gastland der Frankfurter Buchmesse 2023. Die erstaunliche Dichte und Güte dieser Literatur erklärt sich auch daraus, dass sie in einem unsichtbaren Land entstand. Sie hat

Ausnahmeerscheinungen wie Srečko Kosovel oder Edvard Kocbek hervorgebracht, um die andere, größere Sprachen sie nur beneiden können.

Auch Drago Jančar, der wohl bekannteste lebende slowenische Autor, hat diesen Zug ins Unbedingte, diese Ausrichtung an einem moralischen und ästhetischen Kompass, der weit über die gerade herrschenden politischen Gegebenheiten hinausweist. Manchen Autoren wird die Welt zur Heimat, andere erschaffen aus ihrer Heimat eine Welt. Was Lübeck für Thomas Mann oder Dublin für James Joyce, das ist Maribor für ihn: unversiegbare Quelle und vertrauter Mikrokosmos. »Auch wenn ich schon lange in Ljubljana lebe – wenn ich schreibe, bin ich in Maribor.« Als er dort in den fünfziger Jahren aufwuchs, lagen die schlimmsten Zeiten schon etwas zurück. Dennoch geraten seine Erinnerungen nie zu nostalgischen Beschwörungen. Zu stark war die Beunruhigung, zu offenkundig das falsche Bewusstsein. Die katholische Sphäre, der die Mutter angehörte, war nicht weniger trügerisch als die kommunistische, die in der Schule und der Öffentlichkeit den Ton angab. Doch statt der Indoktrination zu erliegen, spürte der sensible Junge zielsicher die Brüche auf, die Lügen, die totgeschwiegenen Opfer.

Dem einstigen Marburg an der Drau ist das habsburgische Gepräge noch anzusehen, der repräsentative Gestus, die Nestwärme der Altstadt, das gemächliche Andante. Auch der Fluss diente der Repräsentation, war sowohl Bühne als auch Handelsweg. Doch es ist eine gezeichnete Stadt, verschlissen und verblichen in den Umbrüchen des 20. Jahrhunderts. Die sie tragende Schicht, das Bürgertum, wurde gleich mehrfach zerschlagen, erst das österreichische, dann zweimal das nachrückende, schon dünner bestückte slowenisch-jugoslawische, zunächst von der SS, dann von den Kommunisten. In Jančars Jugend prägten Trümmergrundstücke das Stadtbild, Maribor war im Krieg schwer bombardiert worden. »Nicht von den bösen Deutschen, sondern von den Alliierten. Doch darüber wurde nicht gesprochen.« Was vom einstigen Glanz noch übrig war, musste dann oft genug der rabiaten Architektur des Staatssozialismus weichen, aus schierer Herrsch- und Eifersucht, dass die Stadt einmal Schönheit hervorgebracht hatte, über die man keine Verfügungsgewalt besaß.

In den sechziger Jahren entstand hier die erste nennenswerte Subkultur in Jugoslawien. Mit Gleichgesinnten wie Tone Partljič gründete Jančar auf der Suche nach einer wahrhaftigeren Literatur den »Mariborer Kreis«. Die Antwort der Staatsmacht ließ nicht lange auf sich warten. 1974 wurde er zu einem Jahr Gefängnis verurteilt, weil er ein politisch unerwünschtes Buch ins Land gebracht hatte. Er saß in der gleichen Anstalt ein, in die die Gestapo dreißig Jahre zuvor seinen Vater gesperrt hatte. Für Jančar im Nachhinein eine Orientierungshilfe: »Diese Erfahrung hat mich immunisiert«, gegen politische Agitation jeglicher Couleur. Man hätte den Aktivisten der Studentenbewegung im Westen solche Einblicke gewünscht, um sie von ihren politischen Halluzinationen zu heilen. Was die Skepsis gegenüber dem Staat und den Sarkasmus gegenüber der Geschichte angeht, sind die Slowenen, überhaupt die meisten Osteuropäer, dem Westen bis heute um Längen voraus.

Seither war Jančar auf der Hut vor der Unersättlichkeit der Macht, jeder Macht. In seinen luziden

Essays agiert die Geschichte bestenfalls als lustlose Kulissenschieberin, die für die immergleichen Szenen nur die Staffage zurechtrückt. »Nein, es gibt keine neue Zeit.« Er hat gelernt, politische Inszenierungen zu durchschauen: »Ich habe einen großen Teil meines Lebens in einer Art mythologischer Zeit verbracht, auch wenn die Wirklichkeit dieser Zeit überaus banal war«, befindet der hilflose Held seiner großen Studie über Daedalus. Aus der Innenschau heraus entwickelt Jančar darin die Anatomie der Angst wie auch die Pathologie der Macht. Und wächst schreibend hinein in eine Rolle, die er nie angestrebt hat: die des Humanisten.

Aufgewachsen ist er in der Arbeitervorstadt am Südufer der Drau. Die Schauplätze seiner Jugend sind in vielen seiner Werke gegenwärtig, und als Maribor 2012 Kulturhauptstadt Europas war, richtete es einen Rundgang auf seinen Spuren ein, von Buch zu Buch, von Station zu Station. Hier die Pestsäule, da der Bahnhof, dort das Café Astoria, dort drüben die Aloisiuskirche mit der Weltkugel. Die schönste Station kam einige Jahre später hinzu, nachdem eine Bürgerinitiative sich für ihren Erhalt stark gemacht hatte: die Trafik. Der Tabaks- und Zeitungskiosk an der alten Brücke, mit dem Pfeife schmauchenden Türken auf der Giebelwand. Als »Museum für eine Person« präsentiert dieses Kabinett heute überaus charmant Aspekte der Stadt- und Literaturgeschichte. In Jančars frühem Roman »Nordlicht« spielt diese Trafik eine prominente Rolle, sie liegt nicht zufällig an einem Platz, der innerhalb von drei Jahrzehnten, von Krieg zu Krieg, ein halbes Dutzend verschiedener Namen trug. Nur das Ungewisse ist gewiss. Die »kauernde Stadt«, die »trübsinnigen Gassen«, die zum Fluss führen – »alles gleitet irgendwie abwärts«, die Welt gerät auf die schiefe Bahn. Wer Maribor auf Jančars Spuren durchstreift, wird es als eine doppelbödige Stadt erleben. Doch nicht, weil er sie nicht mag, sondern weil die Tücken der Zeit darin offenbar werden. Wenn diese beklemmende Parabel auch Ende der dreißiger Jahre spielt, zeichnet sie doch unverkennbar ein Bild der bleiernen Jahre der Tito-Diktatur. Prompt geriet sie, als sie 1984 erschien, zum Publikumserfolg.

»Wenn die Liebe ruht« kam gut dreißig Jahre später heraus und wurde durch eine historische Postkarte ausgelöst, die ihm einmal jemand zugeschickt hatte. In der genialen Eröffnungsszene beginnt sich diese Momentaufnahme zu bewegen, gerät ihrerseits ins Rutschen, ihre Passanten werden zu Helden, will heißen zu echten Menschen mit offenkundigen, himmelschreienden Schwächen, und die Leser tauchen ein in eine Zeit, die vor ihren Augen zum Leben erwacht: Es war einmal in Maribor.

Manchmal möchte es scheinen, als hätten Sloweniens Literaten den Kulturraum unter sich aufgeteilt. Franjo Frančič etwa erzählt Istrien, Boris Pahor das slowenische Triest, Florjan Lipuš das slowenische Kärnten. Prekmurje, das Übermurgebiet im Nordosten, das sich nach Ungarn hinein öffnet, hat in Feri Lainšček seinen Barden gefunden. Es ist der exotischste Teil des Landes, denn es ist flach. Auf der Hinfahrt empfängt das Autoradio ungarische, österreichische und kroatische Sender, während die slowenischen sich verlieren. Die letzten Hügel verebben, eine basische, horizontale Energie breitet sich aus. Loslassen und ausatmen, gebietet diese Landschaft. Das Donaudelta scheint näher als die Adria. Hier beginnt die Welt der Steppe.

Nur in der Weite fühle er sich geborgen, bekennt Lainšček bei einem Spaziergang an der Mur, mit Künstlerschal und dem obligaten Stetson. »Der Mensch ist klein hier, die Welt weit und der Himmel hoch.« In den Bergen hingegen überkomme ihn Klaustrophobie. »Die pannonische Musik, überhaupt das hiesige Lebensgefühl, stehen in weichem Moll. Während aus den Alpen hartes Dur erklingt.« Eines seiner Gedichte trägt denn auch den Titel »Pannonischer Blues«. Er hat diese Melancholie der Steppe in Worte und Geschichten gekleidet wie kein zweiter. Der *Prekmurščina,* der örtlichen Mundart, beinah schon einer eigenen Sprache, kommt dabei eine wichtige Rolle zu. Wenn ein Künstler wie Lainšček sie erweckt, oder vielmehr sie ihn, erklingt reine Poesie. Sprachspiele, darunter häufig Flüche, Verwünschungen, Zauberformeln und Lügenmärchen, machen ein Gutteil des Lokalkolorits bei ihm aus.

Sein Roman »Die aus dem Nebel kam« führt in ein verwunschenes, ja verwünschtes Dorf, das in einer Art Fegefeuer zwischen Idylle und Apokalypse laviert. Wie in vielen seiner Bücher geben Aberglaube, Volksfrömmigkeit und Märchen auch hier den Ton an, weshalb ihm bisweilen das Etikett des magischen Realismus angeheftet wird. Garcia Márquez auf Pannonisch, Mokusch sein Macondo.

»Halgato« erzählt vom Leben der Roma, diesem Volk, das viele Namen hat, aber nur wenige Freunde. Sie siedeln seit Jahrhunderten im Prekmurje, und Lainšček erzählt von ihrem Schicksal. Erzählt von Tragik und Komik, von Liebe und Leid, von Sehnsucht und Scheitern. Auch hier reicht das Übernatürliche ganz selbstverständlich in die Wirklichkeit hinein. Er habe sich früh mit der Symbolwelt C. G. Jungs beschäftigt, verrät er, sei dessen Praxis der Selbsterkenntnis durch »aktive Imagination« gefolgt. Was nicht heißt, dass seine Erzählungen stets in traumhaften Gefilden angesiedelt wären; »Hahnenfrühstück« etwa spielt rund um eine Autowerkstatt. Doch auch sie offenbart bald archetypische Qualitäten. Entsprechend nachhaltig ist die Wirkung von Lainščeks Geschichten. Er hat in Slowenien Kultstatus, schreibt auch Texte für Chansons und macht selbst Musik. Behutsame Verfilmungen haben seine Romane noch populärer werden lassen.

Rasch eilt die Mur der Drau entgegen, als wollte sie das Rendezvous mit ihr um keinen Preis verpassen. Wir kommen an einer schwimmenden Mühle vorbei, wie sie hier früher häufig betrieben wurden, doch nur mehr drei davon haben sich erhalten. Diese hier hat ein echt prekmurisches Schicksal: Bei der Restaurierung ging etwas schief, sie soff ab, seither hängt sie als unglückliches Wrack in den Seilen. Lainšček geht oft hier spazieren, die Mur ersetzt ihm die Couch, sagt er, gewährt Heilung und Reinigung. Passanten schauen ihn manchmal schräg an, weil er mit dem Fluss spricht, ihm seinen Schmerz und seine Sorgen anvertraut. »Aber die Mur ist das gewohnt.«

Prall wie ein Kürbis versinkt die Sonne hinter dem Auwald. Wir müssen zurück. Doch wir sollten unbedingt noch eine *Prekmurska gibanica* kosten, schlägt der Dichter vor, ein gehaltvolles Gebäck mit allerlei Schichten aus Mohn, Nüssen und Quark, unten Mürbteig, oben reichlich Rahm. Ein »metaphysischer Kuchen«, nicht anders als seine Romane, Feris Welt.

STS

Die Stadt der Brücken

Ein Streifzug durch Ljubljana

»Treffpunkt Drachenbrücke«, hatte er gesagt. Ich war etwas früher als vereinbart da und sah mich um. Die Drachen mit den aufgerissenen Mäulern erschienen überdimensional groß. Wem sollten sie Furcht einjagen? Ich beugte mich vor, um aufs Wasser zu schauen, und sah eine Inschrift auf dem Steinbogen: 1848–1888 und dazwischen lorbeerumrankt die Initialen FJI. Schnell googelte ich und las nach: Die Brücke sollte zum vierzigsten Thronjubiläum von Franz Joseph I. in Betrieb genommen werden und Jubiläumsbrücke heißen. Doch sie wurde erst 1901 fertiggestellt. Purer Jugendstil! Ob die Drachen auf die Legende von Jason anspielen? In den Sümpfen nahe der Stadt war solch ein Ungeheuer angeblich gesichtet worden … Dort hatte es in prähistorischen Zeiten Pfahlbauten gegeben, die heute zum UNESCO-Weltkulturerbe gehören. Ich holte den Stadtplan aus der Tasche, um nachzusehen, wo genau das war … Und da sah ich ihn auf mich zukommen. Ich erkannte ihn sofort an seinem langen Mantel und dem Hut mit der breiten Krempe: Jože. Er lebt sehr zurückgezogen, in das Treffen mit mir hat er nur eingewilligt, weil ich aus Wien komme. Wien erinnert ihn an seine Jugend, offenbar. »*Zdravo!*«, sagt er und zieht den Hut. Statt über den Markt zu schlendern oder einen Sprung in den barocken St. Nikolaus-Dom zu machen, wie ich es eigentlich erwartet hätte, führt er mich über die Brücke auf die andere Seite des Flusses. Weil von dort die berühmte Arkade in ihrer geschwungenen Form sehr schön zu sehen sei. »Klassizistische Säulen – ein Tribut an Emona, die römische Stadt, die Ljubljana einmal war«, kommentiert er ganz sachlich.

Ein paar Schritte und wir erreichen die Uferpromenade Petkovškovo nabrežje, wo unter Bäumen und Toskanaschirmen Tische aufgereiht stehen und die Jugend beisammensitzt, diskutiert und flirtet. »Es geht fast so zu wie in einem Wiener Kaffeehaus«, merke ich an. »Nur unter freiem Himmel …« »Wir sind ja auch im Süden«, meint Jože. »Laibach ist heute eine mediterrane Stadt, so wie ich es mir immer gewünscht habe.«

Der Fluss – oder die Flüsse, denn es gibt neben der Ljubljanica noch die Gradaščica – rückt Ljubljana tatsächlich in die Nähe von Florenz oder Verona. Die Brücken – jede anders, jede ein Kunstwerk – kommen Stadtflaneuren wie gelegen. Sie erlauben es, sehr schnell und unkompliziert den Standort zu wechseln und damit auch die Perspektive. Sie laden dazu ein, stehen zu bleiben, dem Rauschen des Wassers zu lauschen oder die Spiegelungen an seiner Oberfläche zu betrachten.

Jože reißt mich aus meinen Gedanken. »In meiner Kindheit«, erzählt er, »war Laibach eine verschlafene, nicht sehr interessante und in architektonischer Hinsicht sogar rückständige Stadt. Es gab einige Palais, Villen und Kirchen, und auf dem Hügel über dem Zentrum stand die Burg, die recht und schlecht instand gesetzt war. Das hat sich gottlob geändert. Junge Architekten haben sich der Sache angenommen: neue Zugänge geschaffen, Aussichtspunkte und auch ein Museum. Ich spaziere ganz gern hinauf wegen des Ausblicks auf die Berge mit ihren schneegekrönten Gipfeln.«

Wir schlendern die Uferpromenade vor und nähern uns den Drei Brücken, einem der herausragendsten architektonischen Merkmale Ljubljanas. Jože lässt den Blick über das Ensemble gleiten und scheint mit dem, was er sieht, zufrieden. »Statt sie abzureißen, wurde die alte Brücke um zwei neue autonome Konstruktionen ergänzt«, erklärt er. »Eine geglückte Lösung!« Die Drei Brücken laufen exakt auf den Prešeren-Platz, früher Marienplatz, zu und bilden mit ihm das Herzstück der Stadt. Der mittlere Strang war dem Verkehr vorbehalten, die Seitenelemente den Fußgängern. Seit 2007 fahren keine Autos und Straßenbahnen mehr durch das Stadtzentrum. Der öffentliche Raum gehört den Menschen. Hier schlängeln sich Radfahrer und Radfahrerinnen durch die Passantenreihen durch, Teenager bevölkern die Stufen zum Prešeren-Denkmal und ihre bunten Jacken erzeugen farbliche Kontraste zum Terrakotta-Rot der Franziskanerkirche. Auch wir nehmen hier kurz Platz.

»Als sie nach dem Erdbeben 1895 wieder aufgebaut wurde«, erzählt Jože, »war die Stadt für mich nichts als Chaos – ein Gemisch aus zufälligen und unmöglichen Bauten. In den neu angelegten Gassen wehte eine Kälte, die mich entsetzt hat. Den schönsten Teil der Stadt, diesen Platz hier, wo wir gerade sitzen, hat man zerrissen, mit gesichtslosen Winkeln und Linien gerastert. Gegenüber der für mich stimmigsten und schönsten Fassaden, die der Franziskanerkirche, steht dieses bizarre Hauptmannshaus – eines der wenigen Gebäude, die vom Erdbeben verschont geblieben sind. Es gehörte einem Farbenhändler, was man an der Fassade leicht ablesen kann.«

Wir lachen beide.

»Ich war nie ein Freund der Secession«, gesteht Jože jetzt. »Nach meiner Reise nach Italien, wo ich Michelangelo und der klassischen italienischen Kultur begegnet bin, hab ich mir gesagt: Jugendstil – da ist zu viel Florales dabei, zu viel Oberflächlichkeit. Was wir brauchen, ist eine dramatischere, tiefgründigere Architektursprache.«

Sagt es und erhebt sich mit einem Ruck. Während er so weit ausschreitet, dass ich ihm kaum folgen kann, ereifert er sich über den Funktionalismus und über die Generation von Architekten, die nach dem Zweiten Weltkrieg groß geworden sind. Es fällt der Name von Edvard Ravnikar. Seine Moderna galerija sei in ihrer schlichten reduzierten Art zeitlos, wage ich einzuwerfen. Ja, die reliefartige Fassade, die von Säulen umrahmten Fenster, der Portikus … all das lasse er noch gelten, meint Jože. Gerade noch!

Mit meiner Bemerkung über Cankarjev dom – immerhin *die* slowenische Kulturinstitution heute –, betrete ich unsicheres Terrain, das merke ich sofort. Jožes Mine verfinstert sich. Der Bau erfülle seine Funktion, so mein Argument. Tausende Menschen würden hier jährlich Konzerte und Veranstaltungen besuchen. »Außerdem«, werfe ich ein, »ist der Eingangsbereich kostenfrei zugänglich. Mir taugt es, dass man sich ohne Konsumationszwang hierher zurückziehen kann. Die großformatigen Wandteppiche der Künstlerinnen aus Bosnien-Herzegowina,

Serbien, Kroatien und anderen Ländern Ex-Jugoslawiens ...« Doch Jože hört mir schon längst nicht mehr zu.

Ob er dem Nebotičnik, dem Wolkenkratzer, der mit seinen siebzig Metern im Jahre 1933 eines der höchsten Gebäude Europas war, etwas abgewinnen kann? Mir als Laiin scheint der Körper des »Himmelstürmers« gut geraten, die Art-déco-Elemente gefallen mir, und auch der ganz oben platzierte Mast ist originell, er scheint irgendwie den Kontakt zum Himmel zu suchen und schließlich auch herzustellen. Dem Café im letzten Stock könnten wir jetzt einen Besuch abstatten, schlage ich vor, es kommt wie gelegen, um die Welt von ganz oben mit Gelassenheit zu betrachten. Doch Jože schüttelt den Kopf und eilt mir voran Richtung Zvezda-Park.

Die Grünanlage mit Platanen, die im Sommer den spielenden Kindern und Zeitung lesenden Pensionisten Schatten spenden, stellt einen dieser öffentlichen Räume dar, die für Ljubljana so typisch sind. Wohnzimmer im Freien, fällt mir dazu ein. Etwas Wahres dürfte schon dran sein, denn es fehlen jegliche Spuren mutwilliger Zerstörung, wie man sie anderswo in Großstädten findet.

»Dass die alten Kastanien, die wie ein Wald inmitten der Stadt einst dastanden, gefällt wurden, um den Park zu errichten, löste damals eine Krise aus«, erinnert Jože sich. »Aber schau, wie schön die Durchblicke sind, diese Luftigkeit! Hier kann man richtig atmen! Dass ausgerechnet unter diesem Platz eine Tiefgarage errichtet wurde, versteh ich nicht ...«

Wir nehmen auf einer der Bänke Platz. Ob es der richtige Zeitpunkt für eine Frage ist, die mir gerade durch den Kopf geht? Ich probier's: »Was hältst du eigentlich von dem, was heutzutage so gebaut wird? Gibt es etwas, das deinem kritischen Blick standhält?« Jože kneift die Augen zusammen und denkt einen Moment lang nach. Dann nennt er die Cukrarna, das 2021 eröffnete neue Kunsthaus: »Eine zweihundert Jahre alte Fabrik, die ausgebrannt ist, nach dem Erdbeben Obdachlosen Unterschlupf geboten hat und um die alle immer nur einen großen Bogen gemacht haben, so ein Objekt umzuwandeln in etwas Neues, statt es abzureißen, das finde ich gut.«

Ich beschließe, mich dort demnächst genauer umzusehen. Doch nun ist die Narodna univerzitetna knjižnica dran, ein weiteres emblematisches Gebäude der Stadt, leicht zu erkennen an der Fassade, die von Weitem wie ein dicker rotgrauer Wollteppich aussieht. Ich habe Mühe, die massive Tür aufzustoßen. »Der Weg zur Weisheit ist eben schwer«, murmelt Jože und meint es nicht einmal ironisch. »Man muss sich bemühen.« Das gilt wohl auch für die monumentale Treppe, die in unzähligen Stufen zu den Räumen der Bibliothek hinaufführt. Aus dem Dunkel zum Licht – von der Unwissenheit zur Erkenntnis –, so die Botschaft. Der Lesesaal hat für mich etwas Sakrales. Ich kann mir vorstellen, hier an einem der Tische zu sitzen. Nicht unbedingt um zu lesen, sondern allein des Raumerlebnisses willen. Mir gefallen die Möblierung und auch der kreisrunde Luster, der gut in einen Rittersaal gepasst hätte, das sind alles sehr originelle Designs, nichts von all dem habe ich je irgendwo anders gesehen.

Unvermittelt sagt Jože, als wir wieder auf der Straße stehen: »Besonders gesellig war ich nie, aber ich lade dich gerne zu mir auf einen Kaffee ein. Es ist nicht weit.« »Einverstanden!« Auf dem Weg zu seinem Haus liegt Križanke, ein sehr besonderer Ort, den ich unbedingt noch sehen möchte. Ein ehemaliges Kloster wurde in den fünfziger Jahren zu einem Freilufttheater umgebaut. Ein weiteres Beispiel dafür, wie geschickt Ljubljana darin ist, dem historischen Gedächtnis der Stadt gestalterisch etwas hinzuzufügen und so eine neue zeitlose Dimension zu schaffen.

Wir treten durch das Tor in den Innenhof, und schon muss unbedingt ein Foto gemacht werden. Der Mix von Elementen aus verschiedenen Epochen ist faszinierend. Vieles stammt von Abbruchhäusern – für die fünfziger Jahre ein sehr moderner Ansatz. Zusammen mit den minimal eingesetzten künstlerischen Eingriffen – dem Sgraffito an der Fassade, den Säulen, den Steinmetzarbeiten – erweckt es den Anschein, als wäre die Alternativszene hier zu Hause. Was nicht wirklich zutrifft, weil Križanke der Hauptaustragungsort des Ljubljana Festivals ist und hier nicht nur die Kultband Laibach umjubelt wird, sondern auch Opernstars wie Plácido Domingo und Elīna Garanča auftreten. Vielleicht sind es auch die vielen umherschwirrenden jungen Leute, Schülerinnen und Schüler der Lehranstalt für Design und Fotografie, die ebenfalls hier ihren Sitz hat, die für diese entspannte Atmosphäre sorgen. Und auch das Café unter der alten Gewölbedecke verströmt noch dieses romantisch-vorstädtische Wir-Gefühl, das man von früher kennt und dem andere Großstädte längst nachtrauern.

Gern würde ich einkehren, doch Jože drängt darauf, weiterzugehen. Er war wohl schon unzählige Male hier. Vielleicht ist er auch müde. »Wenn wir das Werk unserer Vorfahren nicht schätzen, wie sollen unsere Nachfahren dann unseres schätzen?«, sinniert er vor sich hin. Die römische Stadtmauer, an der wir eben vorbeikommen, hat ihn wohl auf diesen Gedanken gebracht. Die Bewohner des Viertels drängten in den dreißiger Jahren darauf, sie abzureißen, sie fühlten sich durch diese Wand aus alten Steinen von der Stadt abgeschnitten. »Es war dem Leiter des Denkmalamts zu verdanken, dass diese große Dummheit verhindert wurde«, kommentiert Jože. Das durch Säulen markant hervorgehobene Stadttor in das römische Emona gefällt ihm, wie an seinem Gesichtsausdruck zu erkennen ist. Auch die Durchgänge, die da und dort geschaffen wurden, finden seine Zustimmung. Und natürlich die Pyramide, die einen dieser Durchgänge markiert. Auf den Stufen sitzen Teenager, kichern und hören Musik vom Handy. Hierin liegt eines von Ljubljanas Geheimnissen, denke ich. Die Stadt wird schöner und schöner, je mehr das Gestern mit dem Heute verschmilzt.

Ein paar Straßen weiter erreichen wir die Adresse Karunova 4. Bescheidenheit war und ist das leitende Prinzip seines Lebens, das sieht man gleich beim Eintreten in Jožes Haus. Die Innenausstattung der Räume wirkt spartanisch. Einziger Luxus – der Wintergarten. Jože lebt offenbar allein, nur sein Hund Sivko ist da, um ihn zu begrüßen. Wir nehmen in seinem schönen halbzylindrischen Arbeitszimmer Platz. »Warum hast du nie geheiratet?«, erlaube ich mir zu fragen.

»Meine Geliebte ist die Architektur. Ich bin mit Leib und Seele der Kunst verbunden.« So die Antwort. Vorgefertigte Sätze sind das, denke ich. Oft und oft verwendet, um das heikle Thema zu umschiffen. Schritte auf der Treppe lassen sich jetzt vernehmen. Urška, die Haushälterin, kommt herauf und serviert uns türkischen Kaffee. Ich nehme einen Schluck und wage einen weiteren Vorstoß.

»Jože, darf ich dich noch was fragen?«

»Nur zu!«, sagt er und krault seinen Hund hinterm Ohr.

»Wie alt bist du eigentlich?«

Jože verzieht keine Miene und gesteht, dass er die Hundertfünfzig schon überschritten hat. Er weilt also nicht mehr unter uns … denke ich. Sein Genius war es, der mich geleitet hat …

Nachsatz: Jože Plečnik (1872–1957), Architekt und Stadtplaner, schuf Ljubljanas unverwechselbares Erscheinungsbild. Sein Werk – eine am Menschen orientierte Stadtgestaltung – wurde 2021 von der UNESCO in die Liste des Welterbes aufgenommen.

IH

Zum Sterben schön

Die Soča – Naturparadies und Weltkriegshölle

Unbegreiflich, diese Farbe! Ein irres, hypnotisches, hell leuchtendes Türkis, das jedes Freibad vor Neid erblassen lässt. Seinetwegen gilt die Soča vielen als der schönste Wildfluss der Alpen. Sie hat Gefälle, Temperament, sprudelndes Ungestüm – und dazu noch dieses tollkühne Kolorit, fast zu prächtig für Europa. Die alten Meister haben es kaum je verwendet, weil ihnen die Karibik nicht vor Augen stand. Und die neuen haben es nur selten hingekriegt. Man muss Blau mit Gelb mischen, das resultierende Grün dann wiederum mit Blau, und wenn es so eben auf der Kippe steht, kommt ein Schuss Weiß hinein, damit es diesen kreidigen, mineralischen Teint bekommt. Oder aber etwas Grau, doch davon noch weniger, oder sogar ein Tropfen Schwarz für die schattigen Stellen. Was die Maler nur mit alchemistischer Akribie zustande bringen, stellt die Natur hier verschwenderisch zur Schau. Und so sieht man an den Ufern der Soča immer wieder Menschen stehen, die sich regelrecht sonnen in ihrem Widerschein, die sich in ihrem Anblick verlieren, um selbst ganz Glanz zu werden, Transparenz und Bewegung.

Vom Wasser haben wir's gelernt. Wandern wir also mit ihr ein gutes Stück weit talwärts. Sie entspringt in über tausend Metern Höhe, zu Füßen des Jalovec, dessen kubistische Silhouette auch im Logo des Slowenischen Alpenvereins prangt. Auf ihrem Weg nach Süden überwindet sie auf den fünfundzwanzig Kilometern bis Bovec schon fast siebenhundert Höhenmeter, entsprechend turbulent gerät ihr Lauf. Kleinere Sturzbäche kommen hinzu, tragen aber nicht nennenswert zu ihrem Volumen bei. Und doch schwillt sie mächtig an. Denn den größeren Teil heimst sie unterirdisch ein, wie Marko Pletner erklärt, Leiter des Besucherzentrums im Triglav-Nationalpark. Entlang des Weges zeigt er ein paar verborgene Stellen, an denen tief unter der Oberfläche ein mächtiger Schwall aus der Felswand drängt, als wären dort Düsen installiert. Die Soča ist ein Kind des Karstes. Auch ihre halluzinative Färbung wird gemeinhin auf pulverisierten Kalkstein und weitere Mineralien zurückgeführt. Doch auch pflanzliche Stoffe, das mediterrane Licht, die widerstreitenden Winde Bora und Scirocco oder das Ozon der Wälder werden herangezogen, um dieses fluide Wunder zu erklären.

Das Besucherzentrum in Trenta, der ersten kleinen Siedlung am Oberlauf, stellt solche »Geheimnisse der Soča« vor, auch ihre Tier- und Pflanzenwelt vom Luchs bis zum Steinbock und vom Almrausch bis zur Triglav-Rose. Das Zentrum dient auch selbst als Anschauungsobjekt, ist es doch in einer alten italienischen Kaserne untergebracht, wie sie unter Mussolini fast baugleich von Sizilien bis Südtirol errichtet wurden. Nach dem Ersten Weltkrieg hatte Italien die Österreichischen Küstenlande, darunter auch den Westen Sloweniens, als Beute zugeschanzt bekommen. Die sogenannte Rapallogrenze verlief jenseits der Soča, etwa entlang der Wasserscheide zwischen Donau und Adria. Italien baute diese

Grenzregion mit gewaltigem Aufwand zum östlichen Alpenwall aus, mitsamt Bunkern, Festungen und Sperranlagen, damit ihm nicht Jugoslawien die neu gewonnenen Territorien wieder entreißen würde. Nach 1945 übernahm dann dessen Volksarmee diese Infrastruktur.

Marko Pletner ist hier aufgewachsen. Das Bauernhaus seiner Kindheit steht noch, doch seit ein Bergsturz es nur knapp verfehlte, nutzt die Familie es nur noch als Schafstall. Sein Vater hörte bei der Feldarbeit ein markerschütterndes Krachen, blickte auf und sah, wie die Felswand sich wie eine vertikale Ziehharmonika bewegte. Er rannte zum Haus und ging davor notdürftig in Deckung. Es blieb verschont, rundum aber liegen seither Zyklopenblöcke auf der Weide. Danach galt die Lage als nicht mehr sicher, und so zogen Pletners schließlich in ein neues Häuschen weiter oben in Trenta. Marko geht nie ohne Wehmut am alten Heim vorüber. »Das ist Melancholie«, seufzt er. Schon in den zwanziger Jahren war es ein beliebtes Postkartenmotiv, so malerisch steht es in der Landschaft, mit Blick auf die Bergriesen.

Doch er hat den Neuanfang nie bereut. Als einer der Ersten weit und breit stellte er den Betrieb auf biologische Landwirtschaft um, und das neue Haus bot dann auch Platz für ein paar Ferienzimmer. Wanderer können auch einfach im Heu schlafen und die allumfassende Stille auskosten. Denn wer sich zwei Tage für den Soča-Weg gönnt, hat mehr davon. Der Weg verläuft jeweils am anderen Ufer als die Straße, außer an einigen wenigen unumgänglichen Stellen. Immer wieder öffnet sich ein Belvedere, oft mit dem Triglav als Fluchtpunkt im Talschluss, Sloweniens

Olymp. Julius Kugy, dieser Pionier des Bergsteigens wie der alpinen Literatur, hat ihn Dutzende Male bestiegen, hat die Julischen Alpen über Jahrzehnte hinweg durchstreift und sie literarisch verewigt. Seine Philosophie und seine Praxis entstammen noch dem 19. Jahrhundert, doch sie böten Orientierung auch für unsere Zeit, unterschied er doch das ganzheitliche Bergerlebnis vom bloßen Bergsport: »Man suche nicht das Klettergerüst des Berges, man suche seine Seele.« Slowenien hat diesen Altösterreicher aus Triest generös adoptiert und ihm zu Füßen des Triglav ein Denkmal gesetzt.

Lärchen und Buchen herrschen vor, die Vegetation ist noch alpin, doch schon üppiger und lieblicher als in den Zentralalpen. Die Soča verläuft an der Schwelle von Mitte und Süden, von Alpen und Adria. Sie fließt etwa neunzig Kilometer durch Slowenien und vierzig durch Italien, wo sie dann Isonzo heißt. Auch wenn es immer wieder Kraftwerkspläne gab, bisher hemmen nur einige kleinere Talsperren am Unterlauf ihren Weg. Der Oberlauf aber bleibt der seelischen Energiegewinnung vorbehalten. Außerhalb der Sommerferien sind praktisch nur ausländische Wanderer hier unterwegs. Die Deutschen erkennt man daran, dass sie einander geflissentlich mit einem mehr oder weniger geglückten *Dober Dan* begrüßen, während die Amerikaner alle unbekümmert in ihrer Weltlandessprache anreden, freilich so effizient wie nur möglich: »Hi!«

Hals über Kopf schäumt der Fluss zu Tal. Von Osten mündet die Mlinarica ein – *Mlin* ist die Mühle. Ein rätselhafter Name, denn in der engen, spindelförmigen Klamm hat nie eine Mühle gestanden. Vor vielleicht zwanzig Jahren schwoll die Mlinarica nach langem Regen einmal besonders mächtig an. Ein Kollege Pletners ging draußen auf dem Hauptweg vorbei – »und glaubte, die Welt ginge unter«. Der Sturzbach riss Bäume und Felsbrocken mit sich in die Schlucht, wo er sie mit gewaltigem Getöse zu Kleinholz und Kieseln zermalmte. »Seither wissen wir, woher der Name stammt.« Solch archaische Requisiten machen, zusammen mit der überirdischen Färbung, das Soča-Tal zur Fantasy-Landschaft. Und so nimmt es nicht wunder, dass hier auch »Die Chroniken von Narnia« verfilmt worden sind. In manchen Nächten tönt aus dem Wald ein derartiger Rabatz, dass man glauben könnte, es wären Riesen dort zugange. Doch da spielen nur die Siebenschläfer.

Vor Bovec weitet das Tal sich dann, die Wiesen wirken wie ein grüner See. Doch auch hier war Landwirtschaft noch nicht im großen Stil möglich, und so führte der Ort ein weltabgeschiedenes Dasein – bis ihn das Abenteuer heimsuchte. Inzwischen locken an jeder Ecke bunte Tafeln zu Trendsportarten, die aus ihrer überseeischen Herkunft kein Hehl machen: Bouldering, Canyoning, Rafting, Mountainbiking, Zip-Lining. Nur Nichts-Doing bietet noch keiner an.

Es scheint, als wünschten die Menschen nichts sehnlicher, als sich in Gefahr zu begeben. Rafting dann also, tags darauf. Ein Kleinbus rückt mit sieben Sportskanonen aus, das große Schlauchboot auf dem Anhänger, vorne der Fahrer und Janez, der Bootsführer. Auf dem Parkplatz heißt es sich ausziehen bis auf die Badesachen, in die Neoprenanzüge schlüpfen, Schwimmwesten darüberschnallen, Helm aufsetzen, das Boot ins Wasser bugsieren. Drei gehen links auf dem prallen Wulst in Stellung, vier rechts. Hinten am Ruder steht Janez wie Kapitän Ahab, das Auge in die Ferne gerichtet. Er erkennt die Uferlinie kaum wieder, vier Tage Regen letzte Woche haben Erdreich, Laub und Holz von den Hängen gespült und ordentlich Geschiebe angeschwemmt.

In ruhigem Fahrwasser üben wir die Kommandos, das Vorwärts- und Rückwärtspaddeln, den halbwegs stabilen Sitz, nicht zu weit innen, damit man nicht abrutscht und auf dem Boden zappelt wie in einem Planschbecken, aber natürlich auch nicht zu weit außen. Dann lassen wir uns treiben, bestaunen die Idylle am Ufer, um dort umgekehrt von einem Rehbock bestaunt zu werden. Bis es weiter vorne zu rauschen beginnt. Erst nur sachte, doch bald schon dringlicher. Mlinarica, ich hör dir strudeln! Von Janez angefeuert stochern wir mit den Paddeln um unser Leben – und schlittern glatt über die erste Schwelle. Für ihn stellt sie nur harmloses Gekräusel dar, für uns Novizen einen Katarakt. Das Raft, das Gummifloß also, ist quietschgelb wie eine Banane, und wenn es in ein Wellental schießt, krümmt es sich auch entsprechend an der Querachse. Knifflig wird es beim folgenden Katarakt, denn da biegt es sich gleichzeitig noch entlang der Längsachse, sodass mancher sich nur mit Mühe halten kann. Go, go, go! Und wir sind durch. Kurz aufatmen, Paddel zücken, schon erfasst uns die nächste mehrstufige Stromschnelle. »Titanic!!!«, jubelt der Bootsmann.

Doch unbeschadet speit der Mahlstrom uns wieder aus. Da das Schlauchboot keinen Tiefgang hat, gleitet es auch über bedrohlich hohe Hindernisse noch hinweg oder schmiegt sich um sie herum. Die

Fahrt führt bis kurz vor Kobarid und dauert vielleicht anderthalb Stunden. Doch es könnten auch anderthalb Tage gewesen sein, denn das Adrenalin bewirkt einen Zeitlupeneffekt, katapultiert selbst schwermütige Nostalgiker oder manische Futuristen ins Hier und Jetzt.

Die einen kommen her, um sich am Leben zu spüren. Die anderen kamen her, um zu sterben. Es gab eine Zeit, da erlebten Millionen von Soldaten in diesem Tal Gefahr nicht als freiwilligen Nervenkitzel, sondern als aufgezwungenes Schicksal. Während des Ersten Weltkriegs tobten hier die Isonzoschlachten, ein erbarmungsloser Stellungskrieg zwischen Italien und Österreich-Ungarn. Nach anfänglichen Terraingewinnen der Italiener bewegte die Front sich trotz erbitterter Kämpfe zwei Jahre lang nicht. Die zwölfte Schlacht brachte den Österreichern dann zwar den Durchbruch, dennoch verloren sie am Ende den Krieg. Für Hunderttausende wurde die Soča zum Fluss ohne Wiederkehr. Auf neunzig Kilometern Frontlinie verliefen sechshundert Kilometer Schützengräben. Ohne es zu ahnen, begegnet man buchstäblich auf Schritt und Tritt Relikten dieser Zeit. Denn nicht die örtlichen Verschönerungsvereine haben diese Berge erschlossen, sondern Bausoldaten beider Lager, teilweise auch Gefangene. Viele der heutigen Wanderwege und Passstraßen wurden zu jener Zeit angelegt. Wo gegenwärtig eine Aussichtsbank steht, befand sich damals ein MG-Stand, wo jetzt Kinder pritscheln, wurden einst Gaswerfer eingegraben, wo die Gemeinde heute eine Seilbrücke für wagemutige Touristen errichtet, zog ein Pionierbataillon vor gut hundert Jahren schon einmal eine hoch. Viele Almhütten sind mit den Wellblechdächern der Unterstände bedeckt. So ist der Krieg der Landschaft eingeschrieben. Schönheit und Schrecken, Unschuld und Massenmord liegen verstörend nah beieinander.

Diese uralte Transitregion war immer umkämpft. Das Museum von Kobarid, italienisch Caporetto und deutsch Karfreit, zeichnet solche martialischen Traditionslinien nach. Aus einer örtlichen Initiative entstanden, dürfte es inzwischen europaweit eines der besten zum Ersten Weltkrieg sein. Viele Besucher zeigen sich erstaunt, dass sie im oberen Foyer ein Porträt von Ernest Hemingway erwartet. Was macht der denn hier? Nun, er hat die Kämpfe um Kobarid literarisch verewigt, auch wenn er selbst weiter westlich zum Einsatz kam. Mit neunzehn Jahren hatte er sich als Rotkreuzsanitäter an die österreichisch-italienische Front gemeldet. Nachdem er in einem Schützengraben lebensgefährlich verletzt wurde, verliebte er sich im Lazarett in eine Krankenschwester. Zehn Jahre später verarbeitete er seine Erlebnisse in dem Roman »A Farewell to Arms«. Nur auf Deutsch wurde der Titel zu »In einem anderen Land« entschärft, in allen anderen Ländern dagegen wortgetreu übersetzt. Das Buch geriet zu einem Welterfolg, nicht zuletzt wegen seines lakonischen Tonfalls, der in denkbar scharfem Kontrast zum üblichen Heldenpathos steht.

Um den bedrängten Österreichern beizustehen, schickte Deutschland im Herbst 1917 eine ganze Armee an die Isonzofront. Hinter Kobarid erhebt sich der Bergrücken von Kolovrat, der dann im gut tausendsechshundert Meter hohen Matajur kulminiert. Hier blieben die italienischen Stellungen erhalten:

Laufgräben, Betonbunker, Drahtverhaue, Kommandostände. Es war schon Kampf, hier oben auch nur zu leben. Bei der Erstürmung dieser Höhen verdiente sich damals ein junger Offizier namens Erwin Rommel den Pour le Mérite. Den der Generalstab ihm allerdings nur widerstrebend zuerkannte, hatte Rommel doch beträchtliche Eigenmächtigkeit an den Tag gelegt, und manche sahen seine überfallartige Taktik gar als unehrenhaft an. Während der gleiche Generalstab kein Problem damit hatte, die Italiener tagelang mit Giftgas zu bombardieren. Rommels Husarenstücke wurden auch deshalb so populär, weil sie ein letztes Aufbegehren des Individuums gegenüber der Alleinherrschaft von Politik und Industrie markierten. Tapferkeit geriet immer mehr zum Anachronismus. »Das Material wurde zu stark«, so Ernst Jüngers Resümee des Ersten Weltkriegs.

Vom Kolovrat aus bietet sich ein stupender Rundblick über die Julischen Alpen, die istrische Küste und den Golf von Triest. Die Adria gleißt wie ein Spiegel. Doch die Soldaten kamen nicht herauf, um sich an der Fernsicht zu erfreuen, sondern um ihrer Artillerie die Ziele anzugeben. Die Konsequenzen sind etwa im monumentalen Beinhaus von Kobarid versammelt. In Tolmin gibt es zudem eine deutsche Gräberstätte. Sie ragt am Hochufer der Soča auf, die hier schon viel an Schwung verloren hat. Behäbig streicht sie durch den Auwald, bis die Tolminka ungestüm in sie einströmt. Sich gegenseitig anschiebend, fließen sie der nicht mehr fernen Adria zu.

Auch das Tal der Tolminka gehört noch zum Nationalpark. Am Eingang zur gleichnamigen Klamm betreiben Verica und David Murkovič ein uriges

Lokal zwischen Imbiss und Restaurant. Beide sind gelernte Gastronomen, die irgendwann der herkömmlichen Verköstigung überdrüssig waren. »Wir können doch nicht ewig bei Schnitzel und Ćevapčići stehen bleiben«, entrüstet sich Verica. Und so wandten sie sich der Küche ihrer Kindheit zu, übersetzten sie aber in eine trendige und praktikable Form. »Am liebsten bereite ich Sachen zu, die kaum noch jemand kennt.« Hirtenessen, Großmutters Leibgericht, Bauernkost mit Pfiff. Die *Frika* zum Beispiel, bei der dünn geschnippelte Kartoffeln mit jungem und altem Käse überbacken werden, oder die allgegenwärtigen *Štrúklji*, zur Abwechslung mit Dörrbirne gefüllt. Umgekehrt tischen sie aber auch Kreationen auf, die Großmutter sich nicht hätte träumen lassen. So die Dreifaltigkeit ihrer ganz speziellen Impfstoffe, die in tröstlich großen Schnapsflaschen vor sich hin funkeln: »Astra Zeneca« (mit der Essenz einer undefinierbaren Bergblume), »Moderna« (aus Heidelbeere) und »Sputnik« (mit Gelbem Enzian, aus Zuchtbeständen, versteht sich).

An der Wand prangen zwei Exemplare der Soča-Forelle, wegen ihrer exquisiten Zeichnung auch als Marmorataforelle geläufig. Sie ist so etwas wie der Quastenflosser unter den Flussfischen, ein lebendes Fossil, und schenkt man passionierten Anglern Glauben, muss sie annähernd so groß wie ein Delfin sein. Sie galt beinah schon als ausgestorben, hatte sie sich doch fast gänzlich mit der heimischen Bach- oder der aus Nordamerika eingeführten Regenbogenforelle vermischt. Nach langer Suche wurde in den achtziger Jahren noch eine isolierte Population entdeckt – in einem Zufluss der Tolminka, hoch über einem für die Konkurrenz unüberwindlichen

Wasserfall. Seither konnte sie erfolgreich gezüchtet und wieder ausgesetzt werden. Verica präsentiert einen prämierten Achtzehnpfünder, schon ein ordentlicher Kaventsmann. Die Rekordhalterin brachte gar achtundvierzig Pfund auf die Waage und dürfte an die zwanzig Jahre alt gewesen sein. Der Fang ist mittlerweile wieder gestattet, und gelegentlich kommt auch ein Exemplar davon auf den Teller. Doch in der Regel weichen sie auf Zuchtforellen aus, »sonst wär sie ja schon wieder ausgestorben«.

Im Rücken von Tolmin schwingen sich die Julischen Alpen noch einmal zweitausend Meter hoch auf. Als Königin Elizabeth II. Slowenien 2008 beehrte, wollte sie hier auch in einem typischen Bergdorf Station machen. Die Wahl fiel auf Čadrg. Bei näherer Betrachtung stellte ihr protokollarischer Dienst dann fest, dass die Straßen, die zu typischen slowenischen Bergdörfern führen, so abenteuerlich sind wie im Himalaja. Sodass Ihre Majestät schließlich nicht hochgefahren, sondern hochgeflogen wurde. Kleid und Hut hatte sie in der Farbe der Soča gewählt.

Westlich der Klamm öffnet sich ein Felsenkessel mit einigen teils bewirtschafteten, teils aufgegebenen Almen. Mit der Gelassenheit seiner siebenundsechzig Jahre widmet sich Milan Zalaščеk hier im Auftrag einer kleinen Genossenschaft den Kühen, dem Käse und seinem treuen, wenn auch nichtsnutzigen Schäferhund, »der selbst dann nicht bellt, wenn ein Bär vorbeikommt«. Dafür habe ihn heute früh der Radau der Hirschbrunft geweckt. Die Monate hier oben seien für ihn wie ein Urlaub, erklärt er, unten auf dem Hof stehe mehr Arbeit an. Wenn er einen guten Tag hat, offeriert er auch mal Selbstgebrannten. Danach trifft man meist für Stunden keinen Menschen mehr, und erfreulicherweise ist auch kein Telefonnetz verfügbar. Manchmal aber geschieht es, dass ein Paraglider über den Grat einschwebt, um sich dann in der Thermik wieder in die Höhe zu schrauben, in bestem Einvernehmen mit einem Geier. Ein Pas de deux der Luftwesen.

STS

Die Besten am Herd

Zwei Porträts

Nur Kerzen beleuchten die Gewölbe des alten Gutshofs. Vor dem Hintergrund roher, unverputzter Wände strahlt das Weiß der Tischdecken noch heller, und langstielige rote Rosen neigen sich dem Gast zu wie zum Willkommensgruß. Eine elegant gekleidete Servicebrigade trägt das Menü vor, ehrfürchtig und mit Ernst, als wär's ein Text aus Dantes »Göttlicher Komödie«.

Der Name »Pri Lojzetu«, Bei Alois, führt zurück zum Urgroßvater des heutigen Besitzers, der 1897 die Fuhrleute verköstigte, die von hier mit ihren Pferdegespannen Obst, Gemüse und Wein nach Triest oder Wien beförderten. Die Landschaft zu beiden Seiten des Vipava-Flusses gleicht auch heute noch einem Garten Eden, und mittendrin auf einem Hügel thront das Herrenhaus »Dvorec zemono«.

Ende der neunziger Jahre war die Familie hierher übersiedelt. Der Generationenwechsel von der Mutter zum Sohn vollzog sich fast unmerklich. Gab es zu Katja Kavčičs Zeiten einfach nur Schinken mit Kren und Weißbrot zur Vorspeise, so lässt Sohn Tomaž schwarz gekleidete Kellner vor dem Gast antreten, in ihren Händen eine lange Schnur, an der einzelne, in Seidenpapier gewickelte Päckchen baumeln. »Sandwich on a string«, kündigt Tomaž an und schnipp!, schon hat eine Schere die Schnur durchtrennt und das Päckchen landet auf dem Teller. Bis jeder Gast seines ausgewickelt hat, vergehen ein paar Minuten, und eine angenehm gelöste Stimmung macht sich breit. Ein bisschen wie bei einem Kindergeburtstag.

Was in den kleinen Päckchen drinnen ist? Etwas Unterhaltung vorneweg. Ein Amuse-Bouche eben. Zwei Bissen, nicht mehr. Brioche mit Weintraube und Gänseleberpastete. Das flaumige Backwerk fungiert als Mantel für die Frucht. Die Frucht transportiert in verflüssigter Form die süßen und zartbitteren Aromen von Traube und Geflügelleber.

Tomaž Kavčič ist in der vierten Generation Wirt. Sein Urgroßvater war jener Lojze, der dem Gasthaus seinen Namen gab. Seine Herangehensweise – das Wort »Konzept« war wohl noch nicht gebräuchlich – ist seit 1897 schon Programm. An erster Stelle steht das Produkt, dann kommt das, was Tomaž – der fließend Italienisch spricht – »anima« nennt, die Seele. Und dann »passione«, Hingabe. »Pensa sempre al cliente« … Immer den Gast vor Augen haben, niemals an sich selbst denken. Auch das ein Leitsatz, doch diesmal stammt er von der Mama.

Schon Katja verstand sich darauf zu überraschen und ließ marinierte Erdbeeren zum Octopuscarpaccio auftragen. Man war als Gast sozusagen Teil eines Experiments geworden. Süß trifft auf salzig. Als Weiterentwicklung serviert Tomaž einen Octopussalat, der subtil ausbalanciert ist und Sellerie, Apfel, Olive, Zitrone und rote Rübe zum Tintenfisch kombiniert. Der Sohn erweitert gewissermaßen die Palette und verleiht dem Terroir noch mehr Gewicht. Was die strengen Inspektoren des Guide Michelin Slovenia ihm Jahre später, als die erste Ausgabe 2020 erschien, hoch anrechneten und mit einem Stern zu würdigen wussten. Das Spielerische dabei war auch diesmal die Verpackung: eine Sardinenbüchse mit aufgerolltem Deckel, die den Anschein erwecken sollte, der kleine Happen sei am Strand im Schatten einer Pinie verzehrt worden.

Tomaž' Gerichte entstehen zuerst im Kopf. Seine süße Minestrone beschäftigte ihn drei Tage lang. Fünf verschiedene Gemüse- und sieben verschiedene Obstsorten stecken da drin. Und rund vierzigmal hat er die Kombinationen verändert, bis er endlich zufrieden war.

Die Basis für sein Signature Dish, die »Piastra di Sale«, sind Kräuter, die er mit Salz aus den Salinen von Sečovlje vermengt und im Rohr zwanzig Minuten »grillt«. Dann bettet er den Branzino darauf, besprüht den Fisch mit einer Essenz aus Kräutern und schiebt die »Piastra di Sale«, das Salzbett, nochmals ins Rohr.

Niemals würde Tomaž Austern auf seine Karte setzen. Slowenien ist in der glücklichen Lage, von der Natur so reich beschenkt worden zu sein, dass auf Einfuhren von auswärts verzichtet werden kann. Schon seit Ende der achtziger Jahre, als der Slow-Food-Gedanke immer mehr um sich griff, gilt »Vom Feld auf den Tisch« als Prinzip. Auch die vielen hübsch anzusehenden Gemüsegärten und Blumenbeete überall wirken im digitalen Zeitalter fast wie ein Manifest der Erdverbundenheit. Ist in Slowenien von Lebensmitteln die Rede, setzt sofort der Lokalpatriotismus ein. Fleur de Sel? Nur aus den Salinen von Sečovlje. Honig? Den besten liefert die Krainer Biene, die *Kranjska čebela*. Kürbiskerne zum Aperitif? Ja! Aber nur aus der Štajerska! Erstklassiges Olivenöl findet man in Slowenisch-Istrien, und für Trüffel, die

»Schwarzen«, die begehrten »Echten«, fährt man am besten ins Dragonja-Tal. Der Wolfsbarsch? Nur von Irena Fonda aus biologischer Züchtung …

Gut zu essen, gehört im Land der *Štrúklji* und *Žlikrofi* einfach dazu. Ähnlich wie in Frankreich oder Italien wird Kochkunst als Teil der kulturellen Identität wahrgenommen. Und erfüllt jeden und jede mit Stolz. Omas Rezepten gebührt immer ein Ehrenplatz, sei's in der Lade der alten Kredenz oder in einem Ordner auf dem Laptop. Sie werden wieder und wieder hervorgeholt. Das Rezept der *Potica* etwa, die bei keinem großen Fest fehlen darf und mit der sich zahlreiche Erinnerungen an schöne Momente verbinden, gilt als heilig. Wie der Teig seine locker-flaumige Konsistenz erhält und woraus genau die Fülle besteht, bleibt meist ein Geheimnis und wird höchstens an die Töchter in der Familie weitergegeben. Angeblich existieren achtzig verschiedene Füllungen. Die markanteste ist sicherlich die mit Estragon, aber auch Kokosnuss, Mohn und Topfen finden Abnehmerinnen.

Als die Inspektoren des Guide Michelin 2019 erstmals Slowenien ins Visier nahmen, gaben sie auch »Kobarid« in ihr Navi ein. Die Gegend im Westen Sloweniens ist nicht wie das Vipava-Tal als Garten Eden bekannt, sondern wird von den Bergen und dem teils ungestümen, smaragdgrünen Soča-Fluss geprägt.

Etwas zurückversetzt an der Straße nach Nova Gorica liegt das Gasthaus »Franko«. Franko Kramar kaufte es Anfang der siebziger Jahre und hat mehr als zwanzig Jahre lang Kajakfahrer, Paddler und Wanderer im Soča-Tal mit deftiger Kost und Wein aus irdenen Krügen verköstigt. Ende der neunziger

Jahre zog dann die junge Generation bei Franko ein. Karotischtücher wichen dunklen Brokatstoffen, die Wände erhielten einen himbeerroten Anstrich, und entkorkt wurden nur mehr Weine aufstrebender slowenischer Stars.

Ein junges blondes Mädchen schwirrte damals durch den Saal, ihr Schal flatterte um die nackten Schultern, sie wirkte elegant und drollig zugleich, als sie einen Teller vor dem Gast abstellte und kommentierte: »It looks like nothing, but it is very special«. Ana Roš, 2017 zum weltbesten weiblichen Küchenchef gekürt, gab damals ihr Debüt. Im Service, nicht in der Küche. Was sie in akzentfreiem Englisch ankündigte, war ein *Pršut* aus dem Karst. Ein Produkt, das wie kein anderes die Essenz der Landschaft in sich trägt. Nur das Salz aus dem Meer und die Bora, der böige Wind aus dem Norden, stehen für seine Güte ein. Bis zu zwei Jahre lang reift er heran und es heißt, den besten Schinken würden die Winzer produzieren, weil sie sich mit den Temperaturen auskennen und wissen: Heute ist es zu feucht im Keller, und dann öffnen sie die Lüftungsklappe oder hängen den Schinken um und bringen ihn, sobald sich das Klima wieder geändert hat, zurück. Das Ergebnis auf dem Gaumen: Unheimlich zart! Wie salziges Marzipan!

Der Fremde, der hungrig am Tisch sitzt, weiß von alldem natürlich nichts, deshalb fühlt Ana sich verpflichtet zu erklären, warum diese beiden hauchdünnen Scheiben auf dem Teller etwas ganz Besonderes sind und Ehrfurcht gebieten.

Wie übrigens auch der Rebula 99 von Marjan Simčič aus der Goriška Brda, den sie jetzt gleich entkorken wird. Sie schenkt ein und taucht die Flasche in einen Kübel, nicht etwa einen aus Glas oder

Kunststoff, nein, einen derben aus Blech, wie man ihn im Haushalt verwendet.

Seit die Jugend hier – mit Lässigkeit und Nonchalance – die Geschäfte führt, hat der Speisesaal der »Restavracija Franco« sein Aussehen verändert. Das alte Wirtshaus heißt jetzt »Hiša Franko«, und in der Mitte des Raumes prangt ein Kunstobjekt, ein dekoratives Gittergeflecht, auf dem – wie zufällig – weiße Federn haften.

Für die Küche entwickelte Valter, der Sohn des Hauses, eine völlig neue Linie. Unverfälscht und ungekünstelt. Sein Rehragout kommt ganz ohne Rotweinsauce aus, der Rettich ist so sparsam eingesetzt, dass er fast nur mehr die Idee von einem Rettich darstellt. Valters Prinzip: »So viele Produkte wie möglich aus der Region beziehen, sie so schonend wie möglich verarbeiten und möglichst alles, auch das Brot und die Pasta, selber machen«, war damals neu und bedeutete eine Revolution. Überall sonst wurden den Gästen noch Tiefkühl-Pommesfrites und vorgefertigte Gnocchi vorgesetzt.

Valters Freundin Ana reizt dieser Bruch mit den Konventionen. Sie, die eigentlich Diplomatin werden wollte, fünf Sprachen spricht, bis zu ihrem achzehnten Lebensjahr in der jugoslawischen Nationalmannschaft Skirennen gefahren ist und einen Uni-Abschluss in International Relations in der Tasche hat, entscheidet sich zu bleiben. Statt auf dem diplomatischen Parkett vermittelt sie jetzt bei Franko zwischen Küche, Keller und dem Kreis immer zahlreicher werdender Gäste.

Es scheint ihr zu gefallen. Nach dem Karst-Schinken bringt sie ein Forellencarpaccio, das sie an einem Tisch auf Deutsch, am anderen auf Italienisch und am dritten auf Englisch ankündigt. Dann die warmen Vorspeisen: hausgemachte Gnocchi aus heurigen Kartoffeln. »Viel leichter und lockerer als das, was man üblicherweise bekommt«, wieder versucht sie zu vermitteln, und es klingt fast so etwas wie Stolz durch. Zum nächsten Gang – einem Rehfilet mit gebackenem Estragon und Buchweizen-Polenta – entkorkt sie eine Flasche »Veliki Terrano« aus dem Karst und erwähnt nebenher: »Einer der besten Roten des Landes.« Als sie das Dessert aufträgt, kommt sie auf Martin Rencel zu sprechen, den Winzer, von dem dieser Wein stammt. »Er ist ein Künstler«, meint sie. »Etwas konfus, doch in seinem Weingarten, da kennt er sich aus.« Wieder will sie überzeugen von dem, wovon sie selbst längst überzeugt ist.

Die nächsten zehn Jahre vergehen im Flug, Ana und Valter bekommen zwei Kinder, das Hiša Franko verwandelt sich in ein Hideaway mit geschmackvoll eingerichteten Gästezimmern. Valter Kramars virtuos komponierte Menüs umfassen nun gut ein Dutzend Gänge. Statt der hausgemachten Gnocchi stehen Jakobsmuscheln in lila Tomatenschaum oder Beef Tartar mit Senfeis auf der Karte. Nach wie vor gilt: So viele Produkte wie möglich von lokalen Produzenten beziehen und möglichst überall selbst Hand anlegen. Das Lammfleisch, die Butter und den Käse liefert der Bauer von nebenan, die Steinpilze werden gleich hinterm Haus gefunden, die Kräuter wachsen im frisch angelegten Küchengarten.

Wieder vergehen Jahre. Ana und Valter tauschen die Rollen. Nun steht sie in der Küche, er fungiert als Sommelier und beschäftigt sich damit, die regionale Käsespezialität, den Tolminc-Käse, im Keller des Hauses zur Reifung zu bringen. Was die Karte nun verspricht, hat mit den Jakobsmuscheln auf Tomatenschaum von damals nichts mehr zu tun.

Die hartnäckig verfolgte Linie gebietet noch mehr Regionalität und eine Abkehr von jeglichen Modetrends. Die Hits heißen jetzt: »Kartoffel im Heu gebacken mit fermentiertem Hüttenkäse«, »geräucherte Schokolade« oder »Pulled Lamb aus Drežnica«, einem Nachbardorf. Verloren geglaubte Traditionen lässt Ana wieder aufleben. Und sie steht damit nicht mehr allein da. Die Fischer aus dem benachbarten Tolmin kämpfen für den Erhalt der Marmorata-Forelle, die ausschließlich in dieser Region vorkommt und enorme Größen erreichen kann. Ana verarbeitet von ihr auch die Leber und serviert Filets der Innerei zusammen mit weißem Spargel und rosa Grapefruit.

Mit den Jahren wird ihre Haltung immer radikaler. Konsequent verfolgt sie das, was sie »Null-Kilometer-Ansatz« nennt und bezieht Produkte nur mehr von sechzig Produzentinnen und Produzenten in unmittelbarer Nähe. Lebensmittelverschwendung vermeidet sie und ihre Weinkarte enthält fast nur mehr biodynamische Weine.

Im eigenen Land und im benachbarten Italien kennt und verehrt man sie mittlerweile, aber erst mit einer Folge in der Netflix-Dokusoap »Chef's Table« erlangt sie internationale Berühmtheit. Und dann der Überraschungscoup: Am 5. April 2017 wird sie bei der jährlichen Verleihung der »World's 50 Best Restaurants« in Melbourne mit dem »World's Best Female Chef Award« ausgezeichnet.

Ohne einschlägige Ausbildung zur Köchin, ohne Erfahrung im Restaurant-Management und ohne wirklich davon überzeugt gewesen zu sein, die Karriere als Diplomatin aufgeben zu wollen, hat sie sich auf dieses Abenteuer eingelassen und es bestanden.

Als der Guide Michelin 2020 dem Hiša Franko auf Anhieb zwei Sterne verlieh, feierte das Team es mit einer Tattoo-Session. Ana trägt seither die Symbole ihres Erfolgs gut sichtbar in roter Farbe auf Zeige- und Mittelfinger der linken Hand.

Der Saal, in dem sie vor mehr als zwanzig Jahren so charmant ihre Gäste umsorgte, wurde umgebaut. Eine Panorama-Glaswand erstreckt sich nun über die gesamte Längsseite und erweckt den Eindruck, im Grünen zu sitzen. Das strahlende Weiß der Tischtücher fügt eine feierliche Note hinzu und hebt sich von den immer noch himbeerrot gestrichenen Wänden ab. Siebenundvierzig Personen können in den Räumlichkeiten Platz nehmen. Immer seltener unterhalten sie sich auf Slowenisch. Viele reisen von weit her an – aus Belgien, den Niederlanden oder sogar den USA.

Das »kulinarische Erlebnis«, wie es auf der Website heißt, dauert drei Stunden. Mittags wie abends wird ausschließlich ein Degustationsmenü serviert, À-la-carte-Bestellungen sind nicht möglich. »Sportlich-elegant« lautet der Dresscode. Ein Team von drei Sommeliers kümmert sich um das Wine Pairing. Valter, der diese Rolle lange Zeit ausfüllte, hat gastronomisch wie privat eine neue Richtung eingeschlagen. Im »Polonka«, seinem kleinen Lokal direkt im Ort, steht er wieder am Herd und serviert seinen Gästen *Štrúklji* nach dem Originalrezept seiner Mama.

Ana hingegen versinkt immer mehr in ihrem eigenen Kosmos. Dabei verabsäumt sie es aber nicht, auch jene vor den Vorhang zu holen, ohne die ihre Leistung wohl blass aussehen würde: die Produzentinnen und Produzenten. Noch konsequenter als bisher setzt sie auf regionale Identität und beschwört in ihrem Buch »Sun and Rain« die beiden Extreme herauf, die im Soča-Tal all das liefern, was die Natur braucht, um zu gedeihen. In einer Zeit, in der Begriffe wie »lokal« und »nachhaltig« zu unumstößlichen Prinzipien erhoben wurden, gelten Lebensmittel wie auch Ingredienzien als die wahren Stars. Ein Grundsatz, den Ana seit über zwanzig Jahren bereits verfolgt. Mit Jeanne, einer Kanadierin, und Matteo, einem Italiener aus Bologna, der lange Zeit in London eine Weinbar führte, hat sie zwei kongeniale Partner gefunden. Die beiden leben ein Hippie-Leben auf einem Hof in Srednje hoch über dem Soča-Tal und bauen das ganze Jahr über bis zu dreihundert verschiedene Pflanzen an, die für die Küche im Hiša Franko bestimmt sind. Kürbisse, Radicchio, Chicorée, Sonnenblumen, Flachs, Zucchini und alle möglichen Kräuter, inklusive einiger Exoten wie neuseeländischer Spinat, mexikanischer Oregano oder chinesischer Amaranth. Die beiden Aussteiger experimentieren, testen, tüfteln herum und lernen aus ihren Erfahrungen. Dabei verzichten sie ganz auf Maschinen und setzen statt Insektiziden Brennnessel und Schafgarbe ein. Sie lassen sich nur von ihrem Gespür, ihrem Gehör und ihrem Geschmackssinn leiten und arbeiten völlig im Einklang mit der Natur. Ganz so, wie man es unten im Tal bei Franko tut.

Hiša Franko zählt heute zu den fünfzig besten Adressen weltweit und Ana Roš' Name findet sich auch 2022 auf der Liste der Top Ten Weltklasse-Küchenchefs wieder. Neidlos gestehen ihre Kollegen – darunter auch Tomaž Kavčič – ihr zu, die »kulinarische Botschafterin« des Landes zu sein.

IH

Roadmovie durchs Rebenland

Von der Goriška Brda in die Štajerska

Im Film sähe man jetzt eine Tür, nicht irgendeine Tür, eine aus alten recycelten Brettern, wir sind ja in einer holzreichen Gegend. Die Tür geht auf und es ist wie heimkommen, heimkommen in ein imaginäres, irgendwo im Unbewussten gespeichertes Zuhause. Der Kachelofen, die Leinentischdecken, die aufgereihten Flaschen mit Selbstgebranntem, die Einweckgläser voll getrockneter Pilze, die fröhliche Runde am Tisch und die Gastgeber, die mit offenen Armen dastehen – das alles steckt den Rahmen ab, ist der Auftakt zu unserer Geschichte über Wein. »Orange Wine« genau genommen, denn darin ist Slowenien Vorreiter und Boris Novak Fachmann. In seiner »Domačija« versammeln sich die Pros – Sommeliers und Gastronomen, Weinschmecker und Weintouristen, Händler und Sammler.

Der Ribolla Gialla, den er nun einschenkt, würde so bernsteinfarben, wie er im Glas funkelt, das Herz jedes Whisky-Trinkers erfreuen. Mit einem reschen Weißen hat er wenig gemein. »Es ist ein Wein, in den muss man sich hineintrinken«, mildert Boris unsere Enttäuschung. »Die Farbe«, erklärt er, »kommt daher, dass die Trauben nicht gepresst und nicht filtriert werden, sondern nach der Ernte auf der Maische liegen bleiben, bis die Gärung einsetzt. Das nennt man Mazeration. Durch den Kontakt mit der Schale entsteht dieser spezielle orangene Farbton.« Der erste Schluck aus dem bauchigen Glas vermittelt eher das Gefühl, einen Rotwein auf dem Gaumen zu haben. Der Duft weckt – vielleicht bedingt durch das, was das Auge wahrnimmt – Assoziationen mit kandierten Früchten, mit Honig und Karamell. »Orange Wines brauchen ein bisschen, um sich im Glas zu entfalten. Das ist das Schöne daran, die Entschleunigung!«, kommentiert Boris.

Wir könnten jetzt an diesem Holztisch sitzen bleiben, in die Stille draußen hineinhören oder dem Scheppern von Geschirr in der Küche lauschen, dem Knarren der Fußböden, dem Kommen und Gehen der guten Geister, die für den Abend ein Geburtstagsfest vorbereiten.

Doch wir brechen auf. Boris nimmt uns mit auf seine Einkaufstour, eine Entdeckungsreise in die Goriška Brda, die »Hinteren Ecken«, wie die entlegene Gegend zu Zeiten der Monarchie hieß, ins fruchtbare Vipava-Tal, den »Garten Eden«, und in die Štajerska, die Untersteiermark, wo um 1830 Erzherzog Johann den Grundstein für den modernen Weinbau legte. Boris verspricht, uns Zutritt zu den Superstars zu verschaffen. Und schürt unsere Neugier: »Die werden von Paparazzi umlauert und von Autogrammjägern abgepasst. Da gibt es den George Clooney und den Mick Jagger … Den Philosophen und den Poeten, den Anarchisten und den Fundamentalisten …«

»Orange Wines – das ist keine mondäne Attitude«, erklärt er uns später im Auto. »Bei uns ist das eine Riesengeschichte. Mitte der neunziger Jahre haben sich einzelne Winzer darauf spezialisiert. Und es werden immer mehr.«

Warum wohl gerade Slowenien sich in dieser Disziplin hervortut? »Orange Weine sind Ausdruck unserer kulturellen Identität«, sagt Boris, und es klingt eine Spur Stolz dabei durch: »Sie tragen noch mehr die Landschaft in sich und erfordern vom Winzer viel Können und Gespür.«

Am frühen Nachmittag erreichen wir San Floriano (slowenisch Števerjan). Der kleine Ort in unmittelbarer Nähe der Grenze gehört heute zu Italien, ein Großteil der Bevölkerung jedoch ist slowenisch. Boris parkt seinen Pkw auf dem kiesbedeckten Vorplatz der Paraschos Winery. Das Haus thront majestätisch am Hang, und bei dem überwältigenden Ausblick würde man am liebsten hier gar nicht mehr wegfahren.

»Was man da sieht, ist schon das Vipava-Tal«, erklärt Alexis Paraschos, Sohn eines griechischen Vaters und einer slowenischen Mutter. »Da, hinter dem Berg, liegt das Soča-Tal. Und dreißig Minuten von hier entfernt beginnt das Meer.« Die kühle Luft von den Alpen im Sommer und die von der Adria aufsteigenden milden Temperaturen im Winter seien genau richtig für naturbelassene Weine, erfahren wir.

Nicht umsonst nahm hier vor mehr als zwanzig Jahren die Orange-Wine-Bewegung ihren Anfang, wir befinden uns mitten in ihrem Epizentrum, und bald schon dreht sich das Gespräch nur mehr um Joško Gravner, den Grandseigneur. Er, sein kongenialer, 2018 verstorbener Kollege Stanko Radikon und Joško Sirk, der Gastwirt von »La Subida« in Cormòns, gelten als Pioniere. Sirk, der sich sehr früh zum Slow-Food-Gedanken bekannte, war der Erste, der Orange Weine in seinem Restaurant angeboten und unter die Leute gebracht hat.

Um Joško Gravner entstand bald schon eine Legende. Er war 1987 nach Kalifornien gereist, um sich mit den modernen Methoden vertraut zu machen. Nach seiner Rückkehr rüstete er sein Weingut richtig auf und brachte es auf den Letztstand der Technik. Ein paar Jahre später entledigte er sich all der unnützen Dinge wieder – angefangen bei den Stahltanks bis hin zu den Barriquefässern. Stattdessen besorgte er sich Quevris – traditionelle Amphoren aus dem Kaukasus – und beschloss, zum Ursprung des Weinmachens zurückzukehren.

Die Geschichte, wie er die riesigen Amphoren aus Georgien mit dem Lkw hat herbeischaffen lassen, sorgt für Lacherfolg. Boris: »Um eine Sache wie diese durchzuziehen, brauchst du Charakter. Du musst stur sein. Denn es hagelt Kritik von allen Seiten. Über Gravner und Radikon hat man sich lustig gemacht. Heute stehen sie konkurrenzlos da.«

Saša, Stanko Radikons Sohn, hat jetzt am Tisch Platz genommen und entkorkt eine der mitgebrachten Flaschen. »Dieser Wein ist interessant, völlig ohne Schwefel. Langer Kontakt mit der Schale. Nur die Tannine sorgen für Haltbarkeit.« So die Stichworte, die er uns hinwirft. Gut neunzig Prozent der Unterhaltung unter den Winzern, die wir treffen, drehen sich um das Thema »Mazeration«. »Mazeration?«, witzelt einer aus unserer Gruppe. »Das klingt gefährlich nach Operation.« »Und auf der Maische liegen«, stößt er nach. »Ist damit ein neues Übernachtungsmodell gemeint?« Wir lachen.

In der Dämmerung führt unsere Tour uns weiter durch die Goriška Brda. Die Dörfer liegen verstreut in der Landschaft. Einige kompakt wie Vogelnester, andere lang gestreckt mit Häusern, die sich entlang des Hügelkamms verteilen, aber alle umgeben vom Grün der Weinberge und Obstgärten, zwischen denen sich Straßen, Schotterwege und schmale Pfade winden.

Jeder noch so kleine Hügel hat seinen eigenen Weinberg, fast jedes Haus ist ein Gutshof, und fast alle Menschen hier sind Weinbauern. Bescheidener Boden, *Opoka,* verleiht den Weinen ihre charakteristische mineralische Note. Heute kultivieren rund tausend Winzer auf engstem Raum hier ihre Weingärten.

»Orange Wines, das hat es bei uns immer schon gegeben«, erklärt Aleks Klinec. »Mein Großvater hätte gar nicht das Geld gehabt, Schwefel und Pestizide anzuschaffen.« Wir befinden uns jetzt in Medana. Efeuüberwachsene alte Mauern, Steinhäuser, Kellertreppen, die tief ins Erdreich führen …

Aleks bewirtet uns auf seiner Terrasse, die wie ein Felsvorsprung in das Meer von Rebstöcken rund um sein Haus hineinragt. Mit seinem Wuschelkopf und dem Bart kann man ihn gar nicht anders als sympathisch finden. »Die Technik des tage- oder sogar wochenlangen Liegenlassens auf der Maische war überall im Bereich der Adria üblich«, berichtet er. »Sie verbesserte den Geschmack und wirkte sich auf die Haltbarkeit aus.«

Mit seiner jovialen Art verkörpert er am besten den Geist der Orange-Wine-Bewegung: In die Vergangenheit zurückschauen und dabei selbst zur Avantgarde werden, das ist es, was er ausstrahlt. Seine »Cuvée Orthodox 2006« aus Verduc, Rebula, Jakot (Tokai Friulano) und Malvasia trinkt sich wie flüssiges Gold. Sie reift mehr als sechs Jahre im Fass. Dass sich da eine Menge Kraft und Aromen ansammeln, das spürt man bei jedem Schluck.

Eigentlich wollte er Kunstgeschichte studieren. Er ist der Intellektuelle unter den Stars. Er weiß viel über die Region und erzählt von den Zisterziensern und den Mönchen von Aquileia, die einst die Weinkultur ins Land gebracht haben. Dann holt er aus seinem Büro ein Blatt Papier, die Fotokopie eines Buches, das belegt, dass Maria Theresia 1785 bereits die Weinlagen in der Goriška Brda hat klassifizieren lassen. Vor Bordeaux, dort hat man sich erst 1855 damit befasst. Das mag wohl so stimmen und gereicht der großen Monarchin zu Ehren.

Am nächsten Morgen sind wir unterwegs im Vipava-Tal, das einst als Schatzkammer der Monarchie galt. Von hier kamen nicht nur die Kirschen für Maria Theresias Tafel, von hier wurden später per Bahn auch Marillen, Nüsse und Feldfrüchte aller Art nach Wien befördert. Und natürlich Trauben, denn das Vipava-Tal ist eine traditionelle Weingegend.

In der Ortschaft Šempas biegen wir in einen Feldweg ein und machen vor dem Haus 130a halt. »Batič Vipava 1592«, steht auf einer Tafel aus Stein. Miha Batič empfängt uns. Er könnte gut als Double für John Travolta durchgehen. Ein Foto im Eingangsbereich zeigt ihn tangotanzend mit seiner Frau Mateja. Der Tisch ist gedeckt. Teller für die Antipasti stehen bereit. In hochstieligen, bauchigen Burgundergläsern funkelt ein bernsteinfarbenes Getränk. Orange Wine? Die viel gepriesene Angel Rezerva 2018? Ein erster Schluck und allgemeines Gelächter bricht aus … »Das ist Tee«, sagt Miha, Tee aus Schafgarbe, den verwenden wir im Weingarten statt der Pestizide.

»Die Rückkehr zu natürlichen Methoden war geprägt vom Misserfolg, ähnlich wie bei einem Kind, das die ersten Schritte versucht. Stolpern und Fallen waren normal«, erzählt er. »Zweihundert önologische Zusatzstoffe kannst du im Katalog bestellen.« Bei Batič entschied man sich dagegen und beauftragte stattdessen einen belgischen Ingenieur mit dem Bau einer Maschine, um die Reben vor Schädlingen zu schützen. Sie bläst fünfundsiebzig Grad warme Luft bei einer Geschwindigkeit von hundertfünfzig Stundenkilometern durch die Weinberge.

Wie um zu zeigen, dass er an guten alten Dingen festhält, legt er eine Vinylplatte auf: Leonard Cohens »Dance Me to the End of Love«. Betörend schön und passend zu dem Wein, den er uns gerade eingeschenkt hat. Miha ist der Poet unter den Winzern. Er hat die Geschichte seiner Familie in einem mit ausdrucksstarken Schwarz-Weiß-Fotos bebilderten Buch niedergeschrieben. Von 1592 an, als die Mönche die Weinkultur im Vipava-Tal etablierten und ihr Wissen über Böden und Naturkreislauf verbreiteten, bis ins 19. Jahrhundert, als Milchwirtschaft und Obstplantagen größere Erträge brachten und der Wein nur mehr als Prestigeprodukt erzeugt wurde. Er erzählt von der Liebe zwischen dem reichen Fassbinder und Bernarda, einem Kind armer Leute. Alojzija, ihre Tochter, seine Großmutter, wuchs zu einem selbstbewussten Mädchen heran, sie heiratete 1945 einen Grundbesitzer und bekam fünf Kinder. »Manche der Reben, die sie damals gepflanzt haben, gedeihen heute noch«, meint Miha und gesteht den Reben den gleichen dynastischen Anspruch zu wie den Menschen. »Mein Urgroßvater Peter war Untertan im Habsburgerreich, mein Großvater Leopold ist im Königreich Italien geboren, mein Vater Ivan im sozialistischen Jugoslawien. Meine Heimat ist Slowenien. Doch alle haben wir unter diesem einen Dach gelebt.«

Die Batič-Familiensaga steht stellvertretend für viele Geschichten hier im Vapava-Tal. Die Vita eines jeden ist verflochten mit Namen wie Pinela, Klarnica, Rebula, Vitovska, Zelen und noch vierzig weiteren autochthonen Rebsorten. Jede schmeckt anders, jeder daraus gekelterte Wein hat starken Charakter, denn die heimischen Sorten fördern das zutage, was die Gegend unverwechselbar macht.

Im Jahr 2009 kam Mihas erster Sohn zur Welt. Er heißt so wie der Weingarten Angel. Und auch die maischevergorene Cuvée aus vierzig Prozent Pinela, zwanzig Prozent Chardonnay, zwanzig Prozent Malvazija und zehn Prozent Rebula trägt diesen Namen Batič, Angel belo Cuvée 2018. Sie reflektiert den Himmel und die Erde, das Land und den Boden.

Zu essen gibt es *Frtalja*, das berühmte Omelette mit allem, was gerade im Gemüsegarten wächst. Miha legt jedem von uns ein Stück auf den Teller: »Je mehr gesundes Essen du zu dir nimmst, desto mehr magst du es. Dein Körper gewöhnt sich an das Unverfälschte, deine Sinne schärfen sich. Du nimmst Aromen stärker wahr. Und wenn du das eine Zeit lang tust, schmeckt dir der Wein, den du früher am liebsten mochtest, nicht mehr. Und Weine, die dir vorher nichts sagten, interessieren dich plötzlich, gefallen dir. Ich glaube nicht, dass es einen Weg gibt, der der einzig Richtige ist. Du findest das, was du im Wein finden willst. «

»*Živijo!*«

»Zum Wohl!«

»Esst, sonst wird es kalt!«

Der beste Parameter ist der Geschmack. Und das Wichtigste: die Balance. Wein produzieren ist wie

Musik machen, der Boden ist das Instrument, der Winzer der Interpret, der Virtuose, der Künstler.

Bevor es allzu philosophisch wird, mahnt Boris zum Aufbruch. Statt seine Playlist abzuspielen, stimmt er uns während der Fahrt auf unser nächstes Ziel ein.

Wir fahren Richtung Nordosten in die Štajerska, die slowenische Steiermark.

Bald schon setzt ein schwindelerregendes Auf und Ab ein. Wie Hochschaubahnfahren kommt es einem vor. Rundherum nichts als Hügelketten und Hänge voller Wein. Hinter jeder Kurve wartet etwas Neues, ein neuer Blickfang: Zypressenalleen, alte Gehöfte mit roten Ziegeldächern, Terrassen unter Weinlauben, kleine Kirchlein mit spitzen Türmen. Ihren exzellenten Ruf als Weinbaugebiet begründet die Region rund um die Orte Ormoz und Jeruzalem – das seinen Namen angeblich den Kreuzrittern, die nach ihrem Feldzug aus dem Heiligen Land zurückkamen, verdankt – auf die Sorten Traminer, Welsch- und Rheinriesling, Furmint, Sauvignon, Weißburgunder und Chardonnay.

Wir halten vor Božidar Zorjans stattlichem Haus. Innerhalb der Szene galt er längere Zeit schon als Geheimtipp, aber seit im *Decanter* sein Dolium Muscat Ottonel 2016 zum besten Orange Wine der Welt gekürt wurde, rennt man ihm die Türen ein.

Die Gänse, die ihre weißen Hälse zwischen den Reben hervorrecken, und die Schafe, die da und dort zwischen den Rieden grasen, weisen ihn als Verfechter biodynamischer Landwirtschaft aus. »Im Weingarten brauchst du Erde, die lebt«, wird er uns im späteren Verlauf des Gesprächs erklären.

Geboren ist er in der kleinen Ortschaft Kog, ein

paar Kilometer nördlich von Jeruzalem. Seine Mutter arbeitete für den berühmten Slatko Čurin, den Gründer von Pra-Vino. Auch so eine Kultfigur im slowenischen Weinbau, einer der bereits in Zeiten des »Massendenkens« Qualität vor Quantität reihte. Den kleinen Buben im Schlepptau zog sie von Hof zu Hof und kümmerte sich um die Abfüllung in Flaschen.

Schon als Kind habe es ihn interessiert, wie Wein entsteht, kommt Božidar darauf zu sprechen. Doch weil das Geld knapp war, wurde er auf die Kadettenschule geschickt und landete als Polizist in Slovenska Bistrica, einer Gemeinde mit fünfundzwanzigtausend Einwohnern. Wilderer zur Strecke bringen, bei Wirtshausraufereien intervenieren, Streit zwischen Nachbarn schlichten, das war sein Alltag. »Keine Drogen!«, meint er und lacht. Die waldreiche Region des Pohorje-Gebirges war sein Revier. Gut möglich, dass er niemals einen amerikanischen Actionfilm gesehen hat.

In seinem Haus fehlt jegliche Spur von einem TV-Gerät oder Computer. Auch wünscht er nicht, dass seine Gäste ein Mobiltelefon oder eine Kamera mit ins Haus oder in den Keller bringen. Er scheint völlig ohne Kunststoff und Plastik auszukommen. Alles – schwere Holztüren, schmiedeeiserne Treppengeländer mit Weinlaubenmotiv – drückt Beständigkeit und Bewahrung alter Werte aus.

Der Raum, in dem er seine Kunden aus Frankreich, Großbritannien, Skandinavien und Südkorea zur Verkostung empfängt, nimmt die gesamte Längsseite des Hauses ein. Früher einmal, vor den diversen Umbauten, war das die gute Stube, im Anschluss gab es wohl noch eine Kammer. Heute erinnern Ausstattung und Ambiente an ein Besprechungszimmer in einem Ministerium. Achtzehn Stühle mit hohen Lehnen reihen sich in klösterlicher Strenge um einen klobigen Tisch. An dem einen Kopfende eine martialische Büste, am anderen ein Einbauschrank.

Im Erzählen streift Božidar kurz einige wichtige Etappen seiner Biografie – wie seine Frau in den achtziger Jahren den Weinberg erbt, wie sie 1993 bei einer Urlaubsreise in Zadar auf einen Töpfer stoßen, der als Souvenir für Touristen Amphoren herstellt, wie sie mit diesem Mann eins werden und zehn Tongefäße aus Kroatien mitbringen. Schließlich kommt er auf den Wendepunkt in seinem Leben zu sprechen: Bei der Landwirtschaftsmesse in Bad Radkersburg erhält sein Ranina – eine autochthone Sorte, auch Bouvier genannt – eine Medaille im Bereich »Qualität«. Wie zum Beweis entnimmt er dem Schrank hinter sich eine Statuette. Sie stellt einen Sämann dar und scheint seine Wandlung vom Hüter der Ordnung zum Hüter natürlicher Weinwerdung zu besiegeln.

Bevor er uns in seinen Keller führt, dessen Wände mit Eiweiß bestrichen sind, wie es einst bei den Kartäusern üblich war, öffnet er eine Schiebetür zum Garten, wo sieben konisch aufgeschüttete Hügel die Stellen markieren, wo seine Amphoren im Erdreich ruhen. Dahinter auf dem Acker in gerader Linie Kohlköpfe und Krautköpfe.

Hatte er damals, 1996, die Trauben noch gepresst und erst danach in die Tongefäße abgefüllt, so verzichtet er heute auf jegliches Einschreiten. Er verteilt die gesamte Ernte auf seine Amphoren und lässt sie im Freien ein Jahr »auf der Maische« liegen. Es folgen zwei weitere Jahre der Reifung, teils in Steingutgefäßen, teils im Fass. Als Autodidakt fühlt er sich keiner Lehrmeinung verpflichtet und experimentiert fröhlich drauflos, außer seiner Frau stehen ihm für seine vier Hektar keine Helfer zur Seite. Dass er im Weingarten die Triebe nicht schneidet und auf einer Lichtung im Wald Rebstöcke anpflanzt, würde ja doch nur Kopfschütteln hervorrufen. Auch an die kosmischen Kräfte, die der Hefe helfen würden, sich natürlich zu entwickeln, wird nicht jeder bereit sein zu glauben.

Den schnauzbärtigen, jugendlich wirkenden Sechziger kann man sich gut in Uniform vorstellen. Kritik lässt ihn unbeirrt. Leute, die an seiner Art von Weinbau zweifeln, interessieren ihn nicht. Er folgt beharrlich seinem Weg. »In der Natur ist alles einfach, der Mensch macht es kompliziert«, so die Botschaft, die wir noch im Ohr haben, als wir wieder ins Auto steigen.

»Ihr werdet es nicht glauben, aber als ich in New York war«, erzählt Boris, »und man mich fragte, aus welchem Land ich käme und ich sagte ›Aus Slowenien‹, hieß es gleich: ›Kennst du die Anarchy Winery?‹ Genau dorthin sind wir jetzt unterwegs. Zu Aci Urbajs' Weingut in Rifnik.«

»We are very very crazy, we are particular winemakers. We are artists«, mit diesen Worten empfängt er uns. Er ist das Enfant terrible der Szene. Wieso? Weil er genau das Gegenteil von dem macht, was die Lehrmeinung sagt. Zunächst verrät nur das Wörtchen »STOP« auf der Etikette seiner Flaschen, worum es sich handelt.

Mit seinen fünfzig plus – oder vielleicht auch mehr – gibt Aci immer noch den jungen Wilden. Er rockt die Szene und gefällt sich darin, seine Besucher aus der Komfortzone zu locken. Gängige Rituale durchbricht er, indem er den Gästen erst einmal ein wässriges Etwas vorsetzt, einen Aufguss aus Traubenblättern, der belegen soll, worum es ihm geht, nämlich um die Pflanze in ihrer Entität. Als nächster »Gang« bei der Verkostung folgt »June«, ein fermentierter Tee, eine Art Kombucha, den Sohn Ziga entwickelt hat. Auch die Gläser »RAG« und die Karaffe zählen zu den Entwürfen des jungen Designers. Bis Aci die Flasche mit dem charakteristischen Etikett hervorholt – ein minimalistisches keltisches Kreuz, das horizontal das Wort »Organic« und vertikal das Wort »Anarchy« abbildet –, vergeht einige Zeit. Und es bewahrheitet sich, was Boris angekündigt hat: Man sollte vorurteilsfrei sein, fähig zuzuhören und sich auf Unkonventionelles einstellen.

Aci schließt beim Reden die Augen und erzählt von der Eisenzeit, als der Rifnik, der Berg, wo wir uns befinden, schon besiedelt war, von der besonderen »energy«, die dieser Ort ausstrahlt, und von der eigenen Vergangenheit in der IT-Branche, die er unten in der Stadt für immer zurückgelassen hat. Seither ist er ein freier Mensch und Anarchist. Hinter allem Wahrnehmbaren – den Formen, den Farben, den Zahlen – würden sich unsichtbare Kräfte manifestieren, ist Aci überzeugt. Die Karaffe sei ein Werkzeug, das dem Wein helfe zu fließen und sich mit den archetypischen Formen des Berges Rifnik zu verbinden.

Seit 1988, der Wende in seinem Leben, baut er auf weniger als einem Hektar Kerner, Grauburgunder, Chardonnay, Riesling, Spätburgunder und Blaufränkischen an. Die Reben wachsen durchwegs auf steilen Hängen und die Arbeit im Weingarten kann gar nicht anders als händisch vor sich gehen.

Unter dem keltischen Kreuz auf dem Etikett steht handschriftlich »biodynamischer Wein«, dann der Alkoholgehalt und die Jahreszahl, die manchmal händisch korrigiert wird, schließlich noch das Wörtchen »STOP«, das nicht jeder sofort zuordnen kann. Es bezieht sich auf die Zugabe von Schwefel.

Das Grauen eines jeden Winemakers, nämlich dass der Wein, den er gehegt und gepflegt hat, durch Oxidation, also Sauerstoffkontakt, verderben könnte, wandelt Aci in sein Erfolgsrezept um. Jeder Winzer minimiert den Sauerstoffkontakt, Aci macht es genau umgekehrt. Der Wein ist für ihn ein neugeborenes Kind, das von sich aus weiß, dass es zu atmen hat. Die Luft ist kosmischen Ursprungs, wir brauchen sie, um zu überleben, meint er. »Und deshalb kann sie auch dem Wein nicht schaden.«

Statt durch Zugabe von Schwefel die Oxidation zu verhindern, wie es gemeinhin gehandhabt wird, setzt er auf Hyperoxidation, eine Art von Sauerstoffmanagement, von der er bei einem Vortrag erfahren hat. Dem Most beziehungsweise jungen Wein wird in entsprechender Dosierung Luft beziehungsweise reiner Sauerstoff zugefügt, um die farblichen oder auch die geschmacklichen Komponenten zu verbessern.

Aci lacht: »Es ist die verrückteste und wahnwitzigste aller Techniken.« Und wie kam es dazu? »Reiner Zufall!« Als die erste Ernte 1988 eingebracht war, fehlte bei dem Haus, das er im Begriff war zu restaurieren, noch der Keller. Der Winter kam, Schnee fiel und er und die Seinen mussten zurück in die Stadt. Und der Wein? Was geschah mit dem Wein? Er überwinterte im Eichenfass. Und als die Familie im Frühjahr heraufkam und einen Schluck kostete, war's die Überraschung! »Delicious!« Der Wein schmeckte köstlich. Aus Maribor wurde der berühmte Önologe Boris Beloglavec herbeigeholt, der eine Probe entnahm und sagte: »Puhhhh, das ist ein fantastischer Wein!« Er bewog Aci, mit seinem Institut zusammenzuarbeiten, und wurde sein Mentor. »Es ist eine verrückte Geschichte«, erinnert der Selfmade-Winzer sich. »Wir hatten damals noch Angst vor der Natur, wir befürchteten, das nächste Jahr könnte nicht so gut ausfallen wie das erste.« Beloglavec diktierte, was zu tun war: »Du musst Schwefel verwenden und darauf achten, wie er auf den Wein einwirkt. Und dann gibst du noch das dazu und das und noch etwas, um den Wein zu reinigen, und am Ende wird alles gut, du wirst sehen.« »Ich habe seinen Rat befolgt, bis ins Jahr 2000, als ich Stanko Radikon, den Pionier der Orange-Wine-Bewegung, traf. Das hat alles über den Haufen geworfen.«

Wie um sich besser zu erinnern, schließt Aci wieder die Augen: »Mit der Zeit entwickelte ich Vertrauen in die Natur. Sie hat mich gelehrt, den Sauerstoff nicht als Feind zu betrachten, sondern mit ihm statt gegen ihn zu arbeiten. Ohne Sauerstoff würden wir zugrunde gehen«, sinniert er weiter. »Unsere Körper wären leblos. Und sind nicht viele Weine nichts anderes als leblose Körper? Schwefel wird verwendet, um die Oxidation zu vermeiden, dabei nimmt man in Kauf, dass das Leben, die Vitalität, verloren geht. Der Sauerstoff gehört dazu. Das ist für mich der Schlüssel der Orange-Wine-Bewegung.«

Sagt es und entlässt uns in die Nacht.

IH

Verwunschene Orte

Zimmer, Schlösser, Zauberberge

Sagten wir schon, dass Slowenien ein Land der Wunder ist? Und ein wunderliches Land dazu, voller Geheimnisse, Absurditäten und rätselhafter Phänomene. Ein Land, in dem man aus dem Staunen nicht herauskommt.

Eine Leiche ohne Mord

Leichter Regen knistert auf der Windschutzscheibe; Wolken kaschieren den Kirchturm. Das berühmte Panorama des Bohinjsko Jezero, des Wocheiner Sees, lässt sich noch nicht einmal erahnen. Beim Zwischenhalt in Ribčev Laz, dem kleinen Ferienort am Ostzipfel des Sees, zeigt sich keine Menschenseele. Nur ein paar Enten kommen herbeigeschwommen, wohl in der Hoffnung, dass man ihnen einen Schirm reicht.

Eine Stichstraße führt hinauf zum Hotel Bellevue, einem wuchtigen Chalet im schweizerischen Stil. Inmitten tropfender Wälder zeichnet sich seine dunkle Pyramide ab, »Shining« auf Slowenisch. Erbaut wurde es in den dreißiger Jahren von Marija Jeraj, die in Amerika ihr Glück gemacht hatte und dann mit dem nötigen Startkapital zurückgekehrt war. Damals galt es als der letzte Schrei, heute ist nur mehr ein ersterbendes Röcheln zu vernehmen. Seit zwei Jahrzehnten rottet der Stolz von Bohinj (»Bóchin« gesprochen) vor sich hin. Schon den Verkauf hat niemand recht verstanden, der Verfall scheint gänzlich unbegreiflich. Miran Šubic, eine slowenische Reporterlegende, titelte schließlich: »Ein Hotel wird ermordet.«

Was aber hat es mit diesen kriminalistischen Anspielungen auf sich? Diesem Liebäugeln mit mysteriösen Machenschaften? Im August 1967 nahm hier ein britisches Ehepaar unter dem Namen Mallowan für eine Woche Quartier. Es legte großen Wert auf Diskretion, wozu sein exzentrisches Verhalten freilich in einem gewissen Widerspruch stand. Die Dame trug Kleider mit grellbunten Blumenmustern zur Schau, dazu ausgefallene Hüte und reichlich Schmuck. Sie wünschte einen ganz bestimmten Korbstuhl für die Veranda, sodass man aus der gesamten Großgemeinde Korbstühle herbeischaffte, doch keiner entsprach ihren Wünschen. Sie orderte einen Chauffeur mitsamt Wagen, doch damals standen nur zwei zur Verfügung, wovon der eine ein VW war. Ein deutsches Auto aber wollte sie auf keinen Fall besteigen. Gottlob fuhr der zweite einen grünen Peugeot.

Wer sich so besonders benahm, musste auch etwas Besonderes sein. Die taktvollen Angestellten des Hotels, die braven Bürger von Bohinj, die stets findige Presse, sie strengten ihre kleinen grauen Zellen an – und nach ein paar Tagen war es heraus. Mochte Mrs Mallowan auch ein unbeschriebenes Blatt sein, unter dem Namen ihres ersten Ehemannes kannte sie alle Welt: Agatha Christie.

Es war nicht unbemerkt geblieben, dass sie sich fortwährend Notizen machte. Würde ihr nächster Roman gar in Bohinj spielen? Aber nein, winkte sie ab, hier sei es viel zu schön für einen Mord. Über diesem entwaffnenden Kompliment vergaßen die

Einheimischen ganz ihre Enttäuschung, dass sie nun doch nicht in die Kriminalliteratur eingehen würden.

Aber wurde das Land am See wirklich nie mit Blut befleckt? Boris Žagar, Kriminalkommissar im Ruhestand, hat ein ganzes Buch über ungeklärte Todesfälle in der Region geschrieben, zwei weitere über Wilderergeschichten mit tödlichem Ausgang. Der Besuch der alten Dame dagegen wäre wohl mit der Zeit in Vergessenheit geraten, hätte nicht Samo Gardener, in den neunziger Jahren Direktor des Bellevue, die Erinnerung daran wiederbelebt. Noch heute erzählt er mit Behagen, wie er Zimmer 204 im Stil der Zeit ausstaffierte: »Die Bettdecke und das alte Radio bekam ich von meiner Schwiegermutter.« Wie er einen landesweiten Aufruf für Bücher der Christie startete – und bald eine ganze Bibliothek damit bestücken konnte. Wie er Memorabilien, Fotografien, Zitate zusammentrug, flankiert durch einschlägige Menüs mitsamt den dazugehörigen Getränken (»sehr stark!«). Und wie er vor mitfiebernden Gästen ein Monodrama darbot, in dem er selbst den Täter gab, mit der Christie als Puppe. Der letzte Satz macht am See noch heute die Runde: »Du bist tot, ich aber lebe noch.«

Womöglich hätte Bohinj sogar ein Krimifestival bekommen. Doch kurz nach der Jahrtausendwende schloss das Bellevue und wurde schließlich von der Erzdiözese von Ljubljana ersteigert. Was dann geschah, war ungeheuerlich: nichts nämlich. Erst kürzlich wurde es weiterverkauft. Doch die neuen Pläne wirken derart brachial, dass Verfall die barmherzigere Lösung wäre. Undenkbar, dass jemand hier noch einmal an die Rezeption tritt und mit entschiedener Stimme meldet: »Mallowan. Zimmer 204.«

Der Gralsberg

An ihrer Ostflanke verebben die Alpen in sanft gewelltem Hügelland. Alte Flurnamen wie die Windischen Bühel, also Wendenhügel (Slovenske gorice), zeugen davon, dass sich hier der Übergang vom deutschen zum slawischen Kulturraum vollzieht. An einer Stelle jedoch branden diese lieblichen Wellen noch einmal hoch. Dort steht der Boč, auch als Woč oder Wotsch geläufig. Fast tausend Meter schwingt er sich empor, genauso barsch und wuchtig, wie sein Name klingt. Er allein kann Anspruch auf das Prädikat »Berg« erheben, die anderen müssen sich mit ihrem Büheltum begnügen. Und doch liegt in dem Wörtchen »fast« eine stille Tragik beschlossen. Denn er schafft es eben nicht ganz, die nächste Rangschwelle zu übersteigen. Um ihm Zutritt zum Klub der Eintausender zu verschaffen, spendierte ihm ein Lokalpatriot nach dem Ersten Weltkrieg einen gut zwanzig Meter hohen Turm. Doch einen Krieg später zerstörten Partisanen diese hohe Warte wieder. Womit auch angedeutet wäre, dass in der Region nicht immer nur gutnachbarschaftliche Beziehungen herrschten.

In der geistigen Sphäre jedoch darf sich der Boč getrost zu den Achttausendern zählen. Ein Welt- und Magnetberg sondergleichen, in einer Reihe mit dem Kailash und dem Kilauea. Denn wenn wir seinen Verehrern Glauben schenken, stand hier die Gralsburg Munsalvaesche.

Die Gralssuche in der Spodnja Štajersk, der Untersteiermark, begann um 1900. Ausgehend von örtlichen Überlieferungen durchstöberte Martin Žunkovič den »Parzival« des Wolfram von Eschenbach. Žunkovič war erst österreichischer, dann jugoslawischer Offizier, später Bibliothekar in Maribor. Und er war glühender Slawophiler, weshalb es ihn tief befriedigte, nach langen Studien den Boč als Gralsberg dingfest machen zu können, als eine Insel des Guten in einer heillosen Welt. Im Anschluss widmeten sich bevorzugt Anthroposophen diesem Mythos, bilden doch auch sie eine illustre Gemeinschaft, die nach Einsicht und nach Gnade strebt. Schon Rudolf Steiner hatte sich damit auseinandergesetzt. Sein Geburtsort Kraljevec – der Gleichklang kann doch gar kein Zufall sein – liegt gleich hinter der Grenze zu Kroatien. Getreu seinem Auftrag, dem Wirklichkeitsgehalt alten Sagenguts nachzuspüren, machten sich dann mehrere seiner Jünger daran, die Legende zu verorten. So Walter Johannes Stein, Waldorflehrer der ersten Stunde, Alfred Castelliz, aus Cilli gebürtig und später Professor für Architektur, sowie Viktor Stracke, Ingenieur und Privatgelehrter in Graz. Castelliz war Anthroposoph geworden, nachdem er das Goetheanum in Dornach als »Kultstätte« erkannt hatte, eine Art Gralsburg im Flachland. Stracke hatte dort als gelernter Elektriker die Leitungen verlegt und die Bühnenbeleuchtung installiert. Alle drei waren noch durch den Meister selbst initiiert worden.

Doch woher rührt diese Verbindung? Tatsächlich sagt Wolfram an einer Stelle: »Steiermark hieß man ihr Land.« Im neunten Buch schildert Trevrizent seinem Neffen Parzival den Weg zum Hort des Grals. Von Aquileia zog er durchs Friauler Land »nach Cilli hin«. Dann nach Ptuj, zu Deutsch Pettau, »wo die Grajena mit der Drau / Goldreichen Wellen sich verband«. Und von dort zur Burg Munsalvaesche, deren Name Žunkovič als »Mont zál Woč« deutet, den schroffen Wotschberg. Bingo! Zumal hier noch eine örtliche Sage vom Schwanenritter auf einem unterirdischen See kursiert – Lohengrin lässt grüßen.

Wir umrunden den Berg und erfreuen uns in Rohitsch-Sauerbrunn (Rogaška Slatina) an verflossener k. u. k Kurherrlichkeit. Pettau glänzt durch seine mittelalterliche Kraft, die Landschaft durch ihre Poesie. Im Hof von Studenice, einem aufgelassenen Kloster, sprudelt eine Karstquelle, die als Heil- und Gnadenquell seit je eine prominente Rolle gespielt hat und sich womöglich aus jenem unterirdischen See speist. Dann steigen wir siebenhundert Höhenmeter bergan. Die Vegetation, nicht mehr alpin und noch nicht mediterran, schimmert in lichtem Grün. Etwas unterhalb der Kuppe – das Wort Gipfel will uns denn doch nicht über die Lippen kommen, es soll vierstelligen Erhebungen vorbehalten bleiben –, etwas unterhalb der Kuppe also ist dann jedoch Schluss: Sperrgebiet. Wie überall auf der Welt hat die Armee sich auch hier die schönsten Stellen gekrallt. Eine Sendestation ragt düster in den Himmel. Vermutlich kann man von dort oben bis zum Kailash sehen. Uns aber bleibt nur der zugewachsene Ausblick auf die eher windigen denn windischen Bühel, sodass wir bald wieder von dannen ziehen, ohne der Gnade teilhaftig geworden zu sein.

Spuk auf Schloss Štatenberg

Vor einem Schloss wie diesem müssten eigentlich Busse stehen, über die Freitreppe Menschen emporsteigen, erwartungsvoll den Blick auf einen Guide gerichtet, der gleich beginnen würde zu erzählen, vom Barockzeitalter, von rauschenden Festen und von der Familie Attems, die beim Bau ihres

Herrschaftssitzes an nichts gespart hatte. Doch die Szenerie ist eine ganz andere: Statt Lautenklängen das Gekrächze einer Krähe und im Inneren nur Leere. An den prachtvollen Festsaal schließen unzählige spärlich möblierte Salons und Gemächer an. Nicht die Spuren des Verfalls sind es, die bedrückend wirken, sondern das Gefühl, dass alles, was einmal war, ein abruptes, unerwartetes Ende gefunden hat. Die wenigen noch vorhandenen Gegenstände – ein vergoldetes Rokokobett, ein kaputtes Klavier, ein Leibstuhl, eine Puppe auf einem Nachtkästchen – lassen keine Rückschlüsse zu, stehen in keinem erkennbaren Zusammenhang zueinander. Aus dem Kontext seiner ursprünglichen Nutzung gefallen, scheint Schloss Štatenberg heute ein geschichtsträchtiger Ort ohne zusammenhängende Geschichte zu sein. Wer weiß, was einmal daraus wird? Eine Hochzeitslocation, ein Luxushotel, ein Regionalmuseum? Noch eröffnet das Fehlen jedweder Zuordnung jenen, die sich hierher verirren, die Freiheit zu fabulieren, sich ein Narrativ selbst zu schaffen.

Der verborgene Schatz, den man in diesem Geisterschloss entdecken kann, liegt im Emotionalen, im Nachspüren dessen, was die letzte Bewohnerin, Gräfin Anna Marie von Dyhrn (1905–1942), empfunden haben mag, als sie am Fenster saß. Auszüge aus ihrem Tagebuch lassen es erahnen.

15. November 1941

Wieder sieht der Himmel nach Schnee aus. Gottlob kann der Kachelofen im Salon noch geheizt werden. Aber das Petroleum für die Lampen wird knapp, und auch der Vorrat an Kerzen schmilzt.

Gestern Abend saßen wir im Dunkeln. Ich nahm die Kleine, Maria Henrietta, auf den Schoß, die anderen vier rückten ihre Kinderstühle im Kreis um mich. Sie baten und bettelten, ich solle Geschichten von früher erzählen. Ich beschrieb ihnen Ignaz Maria von Attems als einen einflussreichen Mann am Wiener Hof, als mächtigen Fürsten, der sich hier ein Schloss hat bauen lassen von so großer Schönheit und Pracht wie die Palazzi in Italien. Sie staunten nicht schlecht, dass zur Unterhaltung der Gäste damals ein mechanisches Orchester spielte, sich im Garten ein Karussell drehte und bei großen Festen Feuerwerke den Nachthimmel erhellten. Was waren das noch für Zeiten!

17. November 1941

Die Tage wollen einfach nicht vergehen. Um die Kinder zu zerstreuen, führte ich sie in den Festsaal. Ich hielt sie an, den Blick auf die Decke zu richten und die Fresken zu betrachten. Zu den Fantasiebildern mit Menschen, Tieren und Pflanzen, die so unwirklich aussahen, dachten wir uns Geschichten aus. Jedes der vier Tableaus stelle ein Element dar, erklärte ich ihnen. Einmal die Erde, dann die Luft, dann das Wasser und schließlich noch das Feuer. In der Mitte eine in Blau gekleidete Engelsfigur mit einem Ölzweig … Sie würde den Frieden bringen, versprach ich. Vielleicht ist der Krieg, wenn der Frühling kommt, ja vorbei. Hoffentlich!

19. November 1941

Was für eine schreckliche Nacht! Ich träumte, ich stünde in Wien auf der Bühne und verneigte mich wieder und wieder, während der Applaus aufbrandete wie ein stürmischer Jubel. Danach fand ich keinen Schlaf mehr. Ich hüllte mich in mein Schultertuch und ging nach nebenan, in das Zimmer mit der roten Seidentapete und den dunklen mehrteiligen Schränken. Im blassen Licht der Kerze sah ich die Schnitzereien an den Türen – Vögel mit langen Schnäbeln und beflügelte Monster ... Die Füße der Betten, erkannte ich, waren zu Krallen geformt. Von den Fresken an der Decke grinste mich ein Faun an, sein Gesicht zu einer Fratze verzerrt. Ich hätte das »Teufelszimmer«, wie alle es nennen, nicht betreten sollen. Plötzlich schien es mir, als hätte ich hinter der Portiere, die sich leicht bewegte, weil die Fenster ja nicht richtig abgedichtet sind, das Antlitz einer Frau gesehen ... War es die weiß gekleidete Gestalt mit wallendem Haar, von der das Stubenmädchen Ada immer spricht? Sie behauptet steif und fest, in ihr Maria Theresia wiederzuerkennen. Die Monarchin hat ja tatsächlich einmal hier übernachtet. Ich selbst glaube nicht an Geister, dachte immer, gefeit zu sein gegen solche Schrullen ... Dann aber sah ich ein Wesen, das zu schweben schien und sich auf mich zubewegte. Ich erschrak zu Tode. Im flackernden Licht der Kerze erkannte ich mich selbst im Spiegel und stieß einen Seufzer aus.

24. November 1941

Ach, wäre Franz doch hier! Immer noch keine Nachricht von ihm. Ich betrachte das Hochzeitsfoto, das hier auf meinem Sekretär steht. Wie unbeschwert wir waren! Und doch zogen schon damals, 1932, düstere Wolken am Himmel auf. Niemand weiß, was nach dem Krieg sein wird. Ob von dem ganzen Grundbesitz, den Bergwerken, den Raffinerien und

Fabriken in Schlesien noch etwas übrig ist? Wovon werden wir leben? Um mir die kummervollen Gedanken zu vertreiben, zog ich mich in mein Zimmer zurück. Dort ist alles weiß. Bis auf den grauen Kachelofen. Ein wahres Schmuckstück! Selbst an noch so kalten Tagen heizt er gut, dabei stammt er aus 1822, wie eine eingravierte Zahl kundtut. Ich liebe es, meine Hand über die zierlichen Figürchen gleiten zu lassen, die darauf dargestellt sind. So kunstvoll! Wenn es keinen Krieg gäbe, wäre das Leben hier sehr angenehm.

19. Dezember 1941

Ich habe das Schreiben vernachlässigt. Mir mangelt es an Kraft. Ich muss ständig das Bett hüten. Meine Gedanken kreisen um das, was ich den Kindern hinterlassen werde. Immer noch ist der Kauf des Schlosses im Grundbuch nicht eingetragen. In diesen wirren Zeiten ist es schwierig, etwas voranzutreiben. Und mir fehlt die Kraft. Der Arzt war wieder da und hat mich untersucht. Die Schwäche, die Blässe, das ständige Bluten aus der Nase, was hat es zu bedeuten? Das Leben hier hätte so schön sein können … Ob es mir noch beschieden sein wird, die Kastanien in Blüte zu sehen? Und mit den Kindern eine Bootsfahrt auf dem Teich zu machen? Ich wünsche es mir so sehr!

Vorsicht, Freund hört mit!

Wo könnte man leichter von der Bildfläche verschwinden als in einem großen Hotel? 1143, 1144, 1145 – alle Zimmertüren sehen gleich aus. Nichts lässt ahnen, wer und was sich dahinter verbirgt. Hin und wieder begegnet man jemandem im Flur.

Doch ist der Mann im schwarzen Pulli Gast oder Handwerker? Die Frau im grauen Kostüm Besucherin oder Direktorin? Oder womöglich Spionin? Wir wissen nur, dass wir nichts wissen. Erst recht, seit uns zu Beginn unserer Begehung eingeschärft wurde: »Nichts ist, wie es scheint.«

Die Abhörzentrale im Hotel Jama blieb nicht nur den Angestellten, den Gästen und auch den Einwohnern von Postojna zwei Jahrzehnte lang verborgen – in einem kleinen Ort, wo sonst jeder denkt, alles von den anderen zu wissen –, nein, sie blieb auch nach dem Zerfall Jugoslawiens weitere fünfzehn Jahre unentdeckt. Als der Trakt im Erdgeschoss 2016 unter einem neuen Management zum ersten Mal inspiziert wurde, war es, als würde eine Zeitkapsel geöffnet.

Bis heute ist nicht ganz geklärt, wozu sie diente und wer dort seiner Arbeit nachging. Die Verbindung zur UDBA, der jugoslawischen Geheimpolizei, liegt nahe, konnte jedoch nicht eindeutig zugeordnet werden. Vielleicht weil niemand es genauer wissen wollte? Weil Mitarbeiter des damaligen Apparats noch in Amt und Würden sind, wenn nicht in Slowenien, dann in anderen früheren Teilrepubliken? Oder weil das Hotel sonst um ein schillerndes Geheimnis ärmer wäre? Warum ist das Fotografieren hier bis heute nicht erlaubt?

Die 1971 erbaute Betonburg war ein touristisches Flaggschiff, Wand an Wand mit einer der größten Sehenswürdigkeiten Jugoslawiens, der Höhle von Postojna. Hier logierten Staatsgäste, Wirtschaftskapitäne, Prominente, Diplomaten. Der Staat wollte wissen, was sie von sich gaben. Und so wurden die Zimmer verwanzt, die Telefone abgehört, Spitzel mischten sich in der Hotelbar unter die Gäste.

In einem Hinterzimmer des einstigen Klubraums können Teilnehmer der neuen Doku-Tour ihrer akustischen Beute lauschen. Oft sind im medialen Rauschen und Prasseln nur Bruchstücke zu verstehen, oder ein Schlager von damals (»Beide waren wir jung«) übertönt das Gespräch. Heimlichkeit hat ihren Preis. Über eine Hintertreppe geht es dann hinab in die Abhörzentrale, eine Flucht aus mehreren Zimmern, in denen das verblieben ist, was die Agententruppe vor ihrem Abzug nicht beiseitegeschafft hat, weil es zu sperrig war oder zu unerheblich. Tonbandgeräte, Schreibmaschinen, die Klappenschränke der Telefonanlagen oder Funkgeräte und -empfänger, auf denen allen Ernstes steht: »Vorsicht – Feind hört mit!« Die Spinde, Feldbetten und Ledersessel verströmen den kleinbürgerlichen Mief der Tito-Ära, selbst der Staub scheint unter Denkmalschutz zu stehen. Auch hier haben die Szenografen eine raffinierte Geräuschkulisse installiert, mit halblauten Kommandos und verstohlenem Wispern. Dazu huschen Schattenspiele über die Wände, Silhouetten verhören einander oder stecken sich etwas zu. Schemen wie in Platons Höhlengleichnis, eine klandestine Parallelwelt. Nichts war, wie es schien, nichts ist, wie es scheint.

Gewässer auf Zeit

Man stelle sich vor, die Alster würde von heute auf morgen verschwinden, würde sich gurgelnd entleeren, als hätte jemand den Stöpsel gezogen. Oder das Rosenheimer Becken würde binnen weniger Tage wieder geflutet. Undenkbar? Dem Cerkniško jezero, dem Zirknitzer See, widerfährt beides abwechselnd. Mal verflüchtigt er sich, mal kehrt er triumphal zurück. Die Hydrologen nennen das »intermittierend«: Er verhält sich regelmäßig unregelmäßig.

Schon Strabon, der große Geograf der Antike, soll Kunde von diesem »löcherigen See« gehabt haben. Torquato Tasso pries ihn als ein Wunder der Schöpfung, und Valvasor, der hiesige Universalgelehrte, zählte ihn zu den »Naturraritäten des Landes«. Montesquieu verging fast vor Kummer, als er auf einer Reise durch die Krain keine Zeit für einen Abstecher hierher fand.

Der Sickersee schrumpft, wenn sein Wasser durch Abflüsse in die umgebenden Höhlensysteme läuft. Umgekehrt füllt er sich, wenn der Wasserspiegel in den Höhlen steigt, wodurch die Abfluss- zu Zuflusslöchern werden. Nach starken Regenfällen bedeckt er schließlich eine Fläche halb so groß wie der Chiemsee. Im Zeitalter des Barock rühmte man ihn als ein Weltwunder, an dem man im Winter fischen, im Frühling säen, im Sommer ernten und im Herbst jagen kann. Tatsächlich betreiben die Anwohner von alters her Feldbau, auch wenn der sumpfige Untergrund meist nur für Futtermittel reicht. Dafür aber ist er ausgesprochen fruchtbar – im Karst die große Ausnahme. Wenn der See dann wiederkehrt, werden mindestens zwei angrenzende Ortschaften überflutet, die Bewohner aber harren aus. Hier haben sie ihre Felder und die damit verbunden Jagd- und Holzrechte. Anderswo hätten sie nichts. Bei auslaufendem See rücken sie dann mit großen Körben an, wenn die Fische hilflos über den Abflusslöchern zappeln.

Als Besucher sieht man freilich immer nur den augenblicklichen Zustand des Sees. Um seine fluktuierende Existenz zu erfassen, müsste man sie im Zeitraffer verfolgen können. Der beste Standort dafür wäre der Gipfel der elfhundert Meter hohen Slivnica, die das Seebecken breitschultrig überragt. Von diesem Logenplatz lässt sich die ganze kolossale Arena überblicken.

Auch auf dem Berg klaffen Löcher, und wenn das Wetter umschlägt, quillt Nebel daraus hervor. Den Kindern wurde früher eingebläut, dass dort drinnen eine Hexe ihre Küche hat – um sie so davon abzuhalten, in die Spalten zu kriechen. Schon Valvasors Landkarte verzeichnete die Slivnica als Ort der »Hexenzusammenkunft«, sie fegen dort auf Besen um den Berg. Heute lassen Gleitschirmflieger diese Tradition wieder aufleben. Bei idealen Bedingungen entschweben sie über hundert Kilometer weit bis auf die kroatischen Inseln.

Den Ursprung des Hexenglaubens dürften heidnische Riten und Fruchtbarkeitskulte gebildet haben, die sich um diesen periodischen See rankten. Wo sie sie nicht christlich überformen konnte, hat die Kirche sie verteufelt. Eine bösartige Inquisition verfolgte angebliche Malefizweiber, die Donner und Hagelschlag besorgt und so die Felder verdorben haben sollen. In der Folklore sind die Hexen geblieben, doch ihr Bild hat sich gewandelt. Sie helfen den Einheimischen, heißt es heute, werden als Heilkundige verstanden, als freakige Feen. Im Sommer lodern Sonnwendfeuer rund um den See, im Winter tobt ein Maskenfestival. Mit etwas Glück trifft man Hexen oben auf der Slivnica auch außerhalb ihrer Hauptsaison an. Mindestens eine von ihnen hält fast immer die Stellung.

IH / STS

Paradepferde und Proleten

Lipizzaner & Co.

Wo aber beginnt der Balkan? Vielleicht ließe diese berühmte Frage sich ja einfach so beantworten: Dort, wo türkischer Kaffee aufgetischt wird. Anton Dolinšeks Hof läge dann auf dem Balkan, denn seinen Besuchern kredenzt er Kaffee nach türkischer Art, bewirtet sie überhaupt aufs Zuvorkommendste, und wenn die Zeit reif dafür ist, wird auch ein Schnaps gereicht. Nur: Wo liegt Dolinšeks Hof? Grob gesagt südlich der Save in der Dolenjska, der Unterkrain. Doch trotz ihrer mittigen Lage ist diese Region weitgehend unbekannt; nur Musikliebhaberinnen und -liebhaber wissen vielleicht, dass ganz in der Nähe Carlos Kleiber und seine Frau Stanka begraben liegen. Sonst aber schirmt sich dieser Landstrich durch steile Täler und labyrinthische Hügelketten von der Welt ab. Die höchste Erhebung bildet der gut zwölfhundert Meter hohe Kum, und eben dort, auf einem Sattel unterhalb des Gipfels, in einem Weiler namens Podkum, dort hat Dolinšek sich niedergelassen. Nicht so sehr, weil es ihm hier behagt, das auch, doch vor allem, weil sich seine Pferde in diesem rauen, kargen, kreuz und quer abschüssigen Land wie zu Hause fühlen. Es sind Bosnische Gebirgspferde. Früher kamen sie im gesamten Jugoslawien zum Einsatz. Doch als wären sie mitsamt diesem Land aus der Zeit verschwunden, zählt die Rasse inzwischen zu den seltensten der Welt, und wenn Dolinšek nicht gewesen wäre, geisterten sie wohl nur mehr durch alte Bücher.

»Es ist eine traurige Geschichte, doch auch eine aufregende.« Bis ins Mittelalter dürften sich auf den unzugänglichen Hochflächen des Dinarischen Gebirges Restbestände des europäischen Wildpferds, des Tarpan, gehalten haben. Sie vermischten sich mit entlaufenen Hauspferden. Diese Mustangs des Balkan waren halbwild und halbzahm zugleich. Bis ins 20. Jahrhundert fingen die Bauern sie oft nur ein, wenn sie sie brauchten, und scheuchten sie dann wieder als unnütze Esser hinaus in die Berge. Noch heute schlägt die graue, fast metallische Färbung des Tarpan gelegentlich durch, auch andere urtümliche Merkmale wie Aalstrich und Schulterkreuz. Unter türkischer Herrschaft hatte keine systematische Zucht stattgefunden, erst die Österreicher richteten 1895 ein Gestüt in Goražde ein. Nach dem Ersten Weltkrieg brach die Zucht zunächst ab, wurde aber später im Gestüt Borike fortgeführt. Die Wirren des Zweiten Weltkriegs und der Zeit danach erhöhten die Nachfrage nach Pferden wieder, und bis in die siebziger Jahre hinein blieben sie, wie Dolinšek sich erinnert, »im ganzen Land ein vertrauter Anblick«. Sein Vater leitete das Forstamt, das auch die Schluchten rund um den Kum bewirtschaftete. »Wir hatten achtzehn Tiere im Einsatz. Sie wurden unten von den Waldarbeitern angeschirrt, dann zogen sie die Stämme alleine hoch. Das Leitpferd kannte den Weg. Oben angekommen warteten sie, bis sie abgeschirrt wurden.« Solch erstaunliche Szenen haben sich seinem Kopf und seinem Herzen eingeprägt »wie ein Brandzeichen«. Als er dann nach der Jahrtausendwende einen landwirtschaftlichen Betrieb in Bosnien führte, erinnerte er sich der wackeren Pferde seiner Jugend und wollte zwei oder drei davon für seine Familie anschaffen. Doch es gab kaum mehr welche. Was war geschehen?

Sie waren von der Geschichte ausrangiert worden. Nach dem Zerfall Jugoslawiens hatten Land- und Forstwirtschaft einen Mechanisierungsschub erlebt. Zugleich waren die Konflikte zwischen den Nachfolgestaaten aufgeflammt. Borike liegt in der serbisch dominierten Republika Srpska, aus der ein Großteil der bosnischen Bevölkerung vertrieben wurde. Die Zucht kam zum Erliegen; 2015 verfiel das Gestüt endgültig. Die besten Pferde wurden verkauft, die übrigen sich selbst überlassen. Einmal mehr ziehen sie seither herrenlos über die heideartigen Hochflächen bei Višegrad und auch bei Livno.

Die kleine slowenische Herde, die Dolinšek vor zwanzig Jahren zusammengestellt hatte, wurde zur Keimzelle der Rettungszucht. Lange mühte er sich praktisch im Alleingang, später fand er Bundesgenossinnen und -genossen, und seit 2019 ist dieses Kleinpferd auch in Slowenien offiziell als einheimische Nutztierrasse anerkannt. Wobei die bosnische Abkunft nie infrage stand. Im Gegenteil, der Einsatz für ihren Erhalt bedeutet aktive Traditionspflege. Diese unverwüstlichen Gesellen sind der kleinste gemeinsame Nenner, auf den die einst so stolze Nation sich auch heute noch verständigen könnte, wenn sie es denn wollte. Ja, das ist unser Pferd. Es hat sich für uns krumm gemacht, von Slowenien bis Mazedonien. Es versteht Serbisch genauso gut wie Albanisch. Es ist der letzte Jugoslawe. Nun geht es ihm herzlich schlecht. Wollen wir uns zusammenraufen?

Mit einer Widerristhöhe von unter hundertfünfzig Zentimetern diente es ganz überwiegend als Zug- und Lasttier. Dadurch spielten Hochbeinigkeit oder Sportlichkeit keine Rolle, auch von Prestigedenken und züchterischer Eitelkeit blieben sie verschont. Sie mussten vor allem schleppen können. Bis weit ins 20. Jahrhundert hinein zogen Handelskarawanen mit mehreren Hundert Pferden von der dalmatinischen Küste bis in den Donauraum, auch nach Triest und Venedig. Sie trugen Salz, Tabak, Teer, Harz, Zucker, Mais, Schnaps, Zündhölzer, Wolle, Schuhe … Das langsamste Tier ging an der Spitze, an seinem Schweif war das Halfter des hinter ihm gehenden Pferdes festgemacht und immer so weiter.

Handelte es sich um eine österreichische oder um eine italienische Rasse, meint Dolinšek, etwa wie die Haflinger, wäre sie heute auch im Westen populär. So aber haftet ihr das Odium des Balkan an und sie genießt wenig Prestige. »Da steckt kein Geld drin, nur Arbeit.« Dennoch hat der internationale Zuchtverband, den er mitbegründete, inzwischen nicht nur Mitglieder im früheren Jugoslawien, sondern auch in der deutschsprachigen Welt und den Niederlanden. Zieht man Erkundigungen über diese Pferde ein, hört man Erstaunliches. Man könnte meinen, dass sie den Menschen, ihren Menschen zumindest, den Kopf verdrehen, legen diese doch bedenkliche Symptome von Verliebtheit an den Tag, das Gegenteil jener Geringschätzung, die solch »primitiven« Arbeitspferden gemeinhin entgegengebracht wird. Ihre Liebhaber aber rühmen ihr natürliches Wesen, ihre Cleverness, ihre Zähigkeit und, unerschrocken sei's gesagt, ihre schönen

Seelen. »Sie sind deutlich anders als herkömmliche Pferde«, findet auch Dolinšek. »Alles, was sie brauchen, ist Freiheit.«

In Zorica Bukinac hat er eine wortmächtige Verbündete gefunden. Sie eignet sich schon deshalb als Abgesandte dieser Pferde, weil Diplomatie ihr Beruf ist. Unter anderem amtierte sie als Botschafterin Sloweniens in Bosnien. »Von allen Rassen, die ich kenne«, erklärt sie, »kommt diese dem ursprünglichen Wesen und Erscheinungsbild des Pferdes am nächsten. Sein Vertrauen in den Menschen beeindruckt mich zutiefst – doch zugleich bleibt es sich und seiner Natur treu.« Diese Integrität begreift sie als Chance. »Indem wir ihnen begegnen, begegnen wir auch uns selbst und unserer eigenen Natur, treten in Verbindung mit allem, was ist.« So erweisen sie sich als wohltuendes Gegenmittel für die Zumutungen der Moderne. »Die Beziehung zum Pferd und die Beziehung mit dem Pferd – beides ist eine Reise.«

Am meisten Beachtung wurde dieser Rasse während des Ersten Weltkriegs zuteil. Denn sowohl die Alpen- wie die Balkanfront verliefen in Gebirgen, und der Transport von Waffen, Ausrüstung und Vorräten musste größtenteils mit Packtieren bewerkstelligt werden. Für eine Studie rückte Doktor Adolf Staffe, Infanterieleutnant an der italienischen Front, etlichen Hundert dieser Pferde mit Tasterzirkel, Band- und Stockmaß zu Leibe, untersuchte ihren Bewegungsapparat, maß Schrittlänge und -frequenz, betrachtete Trittsicherheit und Futterverwertung. Woraufhin er seinen Schützlingen das beste Zeugnis ausstellte, wäre doch an der Südwestfront »ein Ausharren ohne unsere bosnischen

Tragtiere undenkbar gewesen. Ähnlich stand es in den Karpathen, ähnlich auf dem Balkan.« Ein Gebirgspferd summa cum laude.

Im Zivilleben war Staffe »Oekonomie-Leiter« im Hofgestüt Lipica, damals noch Lippiza geschrieben. Sein Urteil kam einem Ritterschlag gleich, verkehrte er doch sonst nur mit der Crème de la Crème der Pferdewelt, den Lipizzanern. Oder doch Lippizanern? Oder Lipitzanern? Man kann sie gar nicht wirklich falsch schreiben, denn gerade in der Sprachvermengung liegt der Schlüssel zu diesen Paradepferden der österreichisch-ungarischen Monarchie, die vielen spanisch vorkommen, aber unter dem italienischen Namen eines slowenischen Dorfes berühmt geworden sind. Ein Vielvölkerpferd. Ein imperiales Geschöpf. Vor allem aber ein Mythos. Um 1580 gegründet, zählt Lipica zu den ältesten Gestüten der Welt. Ursprünglich wurde die Rasse vor allem aus Andalusiern sowie Neapolitanern und Polesinern gezogen, klassischen Modepferden des Barock. Schon diese Abkunft machte sie zu Symbolen der Habsburgerherrschaft, verbanden sie doch Altösterreich mit den spanischen und italienischen Besitzungen. Später kamen arabische Linien hinzu, fallweise auch noch andere Rassen. Sie wurden vor Staatskarossen und Jagdwagen gespannt, auf dem Heldenplatz in Wien thront Prinz Eugen selbstverständlich auf einem Lipizzaner, und noch auf der Weltausstellung 1873 brachten sie Österreichs Glanz und Gloria zur Geltung. Alles, was in Wien Rang und Namen hatte oder haben wollte, konnte durch sie seine Verbundenheit mit dem Kaiserhaus zeigen. Der »Spanische Stall«, besser bekannt als Spanische Hofreitschule, zelebriert diesen Mythos bis heute, auch wenn seine Pferde seit hundert Jahren nicht mehr aus Lipica, sondern aus dem Gestüt Piber bei Graz kommen.

Weltgeschichtliche Wendepunkte brachten die Rasse immer wieder in Bedrängnis. Sie wurde ins Leben gerufen, nachdem die Türken das zuvor in Lipica ansässige Gestüt des Bischofs von Triest verwüstet hatten. Allein während der Napoleonischen Kriege musste es dreimal geräumt werden, in beiden Weltkriegen dann ebenfalls. Am Ende waren die kostbaren Tiere über halb Europa verstreut. Der holländische Schriftsteller Frank Westerman hat diese Odysseen in seinem fulminanten Buch »Das Schicksal der weißen Pferde« nachgezeichnet, um damit »eine andere Geschichte des 20. Jahrhunderts« zu erzählen.

Heute bildet das Gestüt ein populäres Ausflugsziel. Längst sind die Pferde zum Nationalsymbol geworden, auch auf den slowenischen Münzen zu zwanzig Cent springen sie munter herum. Edvard Kocbek hat sie als »Hofnarren Ihrer Hoheit, der slowenischen Geschichte« apostrophiert.

Bei der Anfahrt fallen zunächst der Golfplatz, das Casino und das wuchtige Hotel ins Auge, die Lipica gegen Ende der Tito-Ära verpasst wurden, um Gäste aus dem nahen Italien anzulocken. Dahinter öffnet sich weitläufiges Hügelland, das im Verein mit den weiß gestrichenen Zäunen vage kalifornisch anmutet. Alte Eichenalleen geben der Landschaft Konturen, auch wenn der Name Lipica eine junge Linde bezeichnet. Die Sichtachsen im Park entsprechen den einstigen Kutscherwegen nach Triest, Görz oder Rijeka. Wenn die kostbaren Tiere nach Wien überstellt wurden, so wurden sie nicht geritten, sondern geführt. Drei Wochen waren die Stallburschen dann unterwegs, jeder mit zwei Porzellanpferden am Führstrick.

Viktorija Tota obliegt seit zwanzig Jahren die Besucherbegleitung. Damit gehört sie fast noch zu den Neuzugängen im Staatsgestüt, bei vielen hat schon der Großvater hier gearbeitet. »Wir sind keine Angestellten, wir sind Freunde, Familie, wir leben mehr hier als zu Hause.« Den ältesten Teil bilden die Residenz der Bischöfe und die Kapelle, die für Hochzeiten so begehrt ist, dass sie ihr eigenes Standesamt hat. Was den Majestäten recht war, ist dem Volk nur billig – weiße Pferde bringen Glück. All der Kitsch und Glamour verstellen freilich eher den Blick auf ihre eigentlichen Qualitäten. Der Lipizzaner ist ein Pferd für Fortgeschrittene, gelehrig und intelligent, anspruchsvoll, graziös. Nicht umsonst brachte der legendäre Zirkus Knie einige seiner Glanznummern mit diesen Ausnahmepferden zustande. Die weiße Pigmentierung, erklärt Viktorija, schlägt erst mit sechs bis zehn Jahren durch. Ursprünglich waren alle Fellfarben vertreten, erst unter Maria Theresia wurde dann auf Weiß selektiert, »die Frauen wollen eben immer etwas Besonderes«. Hier bekommen sie es. 2008 besuchte Elizabeth II. das Gestüt – »und sie hat gelacht!« Was wiederum den Anflug eines Lächelns bei den versammelten Lipizzanern hervorgerufen haben dürfte.

Stolz führt Viktorija durch nostalgische Stallungen, deren Bewohner hochmögende Namen tragen wie Pluto Gratiosa XIII. Das Museum Lipikum erzählt die Kulturgeschichte dieser Rasse wie auch der Pferde allgemein. Dreimal die Woche finden Schauvorführungen statt, man kann auch Reit- und

Fahrstunden nehmen oder ausreiten. Wer länger bleiben will, kann Hufschmied oder Pferdewirtin lernen.

Im Sommer laufen die Lipizzaner auf dem dreihundert Hektar großen Landgut frei herum. Lange wurden sie als »Spanische Karster« bezeichnet, hatten doch bereits die Bischöfe von Triest hier »Karster« gezüchtet. Dieser Landschlag bildete auch die Ausgangsbasis für die Bosnischen Gebirgspferde – und nach Valvasor, dem hiesigen Polyhistor, oft auch die Lebensgrundlage der Bevölkerung. Suchte sich diese doch »Brod und Erwerb zu sichern, indem sie auf Saumrossen den Wein von Triest, Wippach, Görz, dann von Venedig kommende Waren nach Laibach, Graz, ja bis nach Wien vertrugen«. Dabei »mussten die Pferde klettern wie die Geißen«. Eben dafür waren sie geschaffen. Die Lipizzaner und die Karster, die Noblesse und das Gesinde, sie sind zumindest Halbgeschwister.

STS

Unergründliche Hohlräume

Im Souterrain des Karstes

Karst ist das wohl geläufigste Wort slowenischen Ursprungs weltweit, ein Klassiker der Geografie. Die Hochebene zwischen dem Vipava-Tal und dem Golf von Triest gab ihm den Namen. Eine sehr besondere Welt – steinig, ungebändigt, kraftvoll und schön. Derartige Erosionslandschaften gibt es in vielen Ländern, doch alle haben sie ihren Namen von dieser Region zwischen den Julischen Alpen und der Adria. Während an der Oberfläche Mangel herrscht, präsentiert die Unterwelt sich opulent. Hier sprudeln zahlreiche Thermalquellen, die Slowenien eine Fülle an Heilbädern beschert haben. Hier verlaufen ganze Flüsse im Untergrund, verschwinden Wasserfälle in trichterförmigen Schlunden, durchziehen verzweigte Höhlensysteme die Berge. Es sind Pforten in die Unterwelt, mythische Orte, beeindruckend und beklemmend zugleich. Es sind faszinierende geologische Phänomene, in denen die Zeit selbst anschaulich wird. Und es sind Sehenswürdigkeiten ersten Ranges.

Als Sigmund Freud 1898 die Höhle von Divača besuchte, war diese ungleich bekannter als er. Eines der großen Naturwunder der Monarchie, praktischerweise direkt an der Südbahn gelegen, die Wien mit Görz und Triest verband. Dank ihr konnte der junge Arzt übers Wochenende eine Spritztour an die Adria unternehmen, um neue Kraft fürs Schreiben an der »Traumdeutung« zu tanken. Später kehrte sich das Verhältnis um: Während Freud als Erforscher seelischer Abgründe weltberühmt wurde, stellten andere, noch spektakulärere Höhlen die von Divača in den Schatten. Heute verzeichnet sie gerade einmal viertausend Besucher im Jahr, das schafft Postojna an einem guten Nachmittag.

Katja Tominec will das ändern. Während sie das eiserne Gittertor aufschließt, erzählt sie, wie sie zu ihrer Ausbildung als Höhlenführerin kam. Nachdem sie viele Jahre auf der Jetset-Insel Mykonos im Luxustourismus gearbeitet hat, möchte sie sich nun mit vierzig wieder der Heimat zuwenden »und ein elementareres, geerdeteres Leben führen«. Mag die Karstlandschaft auch arm erscheinen, »an Natur- und Kulturerbe ist sie reich«. Nach wenigen Schritten schon empfängt die Besucher ein riesiges Vestibül, in das durch einen Schacht in der Decke noch etwas Tageslicht fällt. In heißen Sommern wurde es früher als Tanzsaal genutzt. Daran wollen Katja und ihre Mitstreiter wieder anknüpfen, indem sie Divača als »Boutique-Höhle« vermarkten, als einen intimen Naturschatz, in dem, angefangen beim Fotografieren, so manches möglich ist, was in den großen Schauhöhlen untersagt bleibt. Sie laden Künstlerinnen und Künstler ein, sich damit auseinanderzusetzen; bisweilen folgen Lautenklänge, Schamanentänze und Partisanenlieder unbekümmert aufeinander. Auch Hochzeiten oder Weinproben finden hier statt.

Nein, erklärt Katja vorsichtshalber, die Höhle habe kein WLAN, dafür brauche man keinen Schirm. Kleine schwarze Päckchen baumeln von der Decke – Fledermäuse. Im Eingangsbereich wurden etliche Tropfsteine als Trophäen abgebrochen, auch das ein Stück Tourismusgeschichte. Dabei brauchen sie gut hundert Jahre, um auch nur einen Zentimeter zu wachsen. Und doch sind manche dieser Ungetüme hier turmhoch. Leicht abschüssig führt der Weg ins Innere der Erde – eine Welt, wie von Jules Verne erdacht. Ringsum bizarre Galerien, funkelnde Steingärten und glitschige Felsengotik. Die Namen der Formationen – »Zypresse«, »Hölle«, »Bambuswald« – stammen noch von Gregor Žiberna, der die Höhle 1884 entdeckte, indem er sich an einem Hanfseil ins Ungewisse hinabließ, eine Kerze hinters Ohr gesteckt. Žiberna war es auch, der dann den Doktor Freud herumführte, von diesem als »verkommenes Genie« bestaunt und auch gleich analysiert wurde. Katja tritt also ein illustres Erbe an. Anfangs, gesteht sie, wurde sie nur langsam warm mit der befremdlichen Umgebung. Inzwischen aber hegt sie geradezu zärtliche Gefühle für dieses verkannte Monster und bewirbt »ihre« Höhle bei jeder Gelegenheit. Die Schöne und das Biest.

Modelliert wurden alle diese Grotten von unterirdischen Flüssen, die sich immer tiefer ins Karbonatgestein hineingruben. Im Falle von Divača war es eine Vorläuferin der Reka. Seit die sich jedoch neue Wege suchte, liegt die Höhle auf dem Trockenen. Andere dagegen werden weiterhin von der Reka oder ihren Zuflüssen durchrauscht, ein Spektakel sondergleichen. So birgt die Höhle von Škocjan, die gleich nebenan liegt, die mit fast hundertfünfzig Metern tiefste unterirdische Schlucht Europas, auf deren Grund die Reka tobt und tost. Nach starkem Regen schwillt sie mächtig an und steigt manchmal hoch bis zur Abbruchkante. Dann ist es drinnen totenstill, weil sich der reißende Fluss für ein paar Tage zum unterirdischen See wandelt. Hier in der Tiefe also sammelt sich all das Wasser, das an der Oberfläche fehlt. Der weitere Weg der Reka ist unerforscht, Fragezeichen zieren die Karten. Erst nordwestlich von Triest tritt sie als Timavo ans Tageslicht, nur um sich nach ein, zwei Kilometern der Adria zu überantworten.

Oft werden neue Höhlen bei Straßen- oder Bahnarbeiten entdeckt, jüngst kamen so gleich drei große unterirdische Systeme auf einmal zum Vorschein. Derzeit verzeichnet Slowenien rund fünfzehntausend Höhlen, und jedes Jahr werden vier- bis fünfhundert neue entdeckt. Die unbestrittene Königin unter ihnen ist die von Postojna, auch als Adelsberger Grotte geläufig, etwas weiter nordöstlich gelegen. Schon im Mittelalter war diese klandestine Welt bekannt, später verschanzten sich die Dorfbewohner hier vor den Türken. Im Lauf der vergangenen zweihundert Jahre wurden dann immer neue Abschnitte und Verzweigungen dieser »Naturmerkwürdigkeit« erschlossen, seither erweist sie sich als Goldgrube. Und als eine Landschaft von archetypischer Faszination. Nicht umsonst wurden 1964 die Höhlenszenen von »Winnetou II« hier gedreht, wie die Karstlandschaft überhaupt die Kulisse vieler Karl-May-Filme abgab.

Das gesamte System umfasst vierundzwanzig Kilometer, wenn demnächst ein größeres Verbindungsstück geöffnet wird sogar fast vierzig. Die ersten vier sind die leichtesten, denn Sloweniens einzige U-Bahn, eine Art Grubenbahn, karrt die Besucher durch einen Stollen, der, wie es heißt, hoch genug ist, dass auch Basketballer sich nicht den

Kopf stoßen. Dennoch ziehen ihn fast alle Fahrgäste nach Schildkrötenart ein. Wie eine Geisterbahn auf dem Jahrmarkt schnurrt die gelb-rote Raupe durch düstere Hallen und mulmige Verliese. Hinter jeder Kurve lauern neue schaurig-schöne Steingebilde: stehende Mumien, feiste Quallen, erstarrte Trauerweiden. Andere erinnern an Märchenschlösser, an den Schiefen Turm von Pisa oder den Orgelprospekt in einer Kathedrale. Henry Moore rühmte sie als die meisterhaftesten Skulpturen der Natur, die er je gesehen hätte. Nur der kapitale Lüster im Festsaal stammt noch aus der Kaiserzeit und wurde aus Murano-Glas gefertigt.

Schon früh hat man erwogen, die Karsthöhlen als natürliche Tunnel oder Röhren zu nutzen. So nahm die Höhlenforschung Mitte des 19. Jahrhunderts überhaupt ihren Anfang: Ingenieure wollten Trinkwasser von hier nach Triest leiten. Damals wurde sogar überlegt, ob nicht die Südbahn von Wien her eine Abkürzung durch die vielen Höhlen nehmen könnte. Doch nur die Grubenbahn wurde verwirklicht. Thomas Cook, dieses Genie des organisierten Reisens, schleuste 1868 die erste Gruppe hindurch und regte den Bau der Bahn an. An der Endstation geht es dann unter der kundigen Führung von Roman Bogataj tiefer hinein in die Grotte. Er beziffert sein Alter auf »vierunddreißigeinhalb« und spricht, wie er sagt, »nur Höhlendeutsch – für drinnen reicht's, für draußen nicht«. Wobei für Karstologen aus aller Welt, ob nun aus Venezuela oder China, umgekehrt slowenische und serbokroatische Begriffe Gemeingut sind: Doline, Polje, Ponor, Uvala, und Karst natürlich. Der serbische Geologe Jovan Cvijić etablierte diese Nomenklatur in seiner morphologischen Monografie über »Das Karstphänomen«, die 1893 in Wien erschien. Zuvor hatte schon die moderne Speläologie hier ihren Anfang genommen, insbesondere mit Adolf Schmidls 1854 erschienenem Standardwerk »Zur Höhlenkunde des Karstes«.

Lange Jahre verfügte Postojna über ein unterirdisches Postamt; inzwischen hat der Souvenirladen diese Aufgabe übernommen. Ansonsten führt er Sliwowitz und Schokolade sowie mannigfache Varianten des Grottenolms als Stoff- und Plastiktier. In einem schummrigen Aquarium kann man dieses Fabelwesen auch in echt besehen. Aufschneiderische Bezeichnungen wie »Menschenfisch«, »Drachenjunges« oder gar »Höhlenkrokodil« wecken falsche Vorstellungen: Was sich da über das Kieselbett schlängelt, ist ein etwas aus der Art geschlagener Regenwurm in fahlem Rosarot. Er sieht nichts, weil es nichts zu sehen gibt. Und doch fungiert er als König der Unterwelt, denn alle anderen Wesen hier – Käfer, Asseln, Spinnen, Ruderkrebse – sind noch weit unansehnlicher als er. Früher wurde er als Schmankerl auf dem Fischmarkt in Triest verkauft, und Postojna führt ihn fröhlich im Wappen, ein Lindwürmchen in Altrosa, mit blauen, blinden Knopfaugen.

Die Höhlen kennen nur eine Jahreszeit, insofern ihre Temperatur jeweils dem jährlichen Mittel am Eingang entspricht. Durch Stollen wurden Verbindungen zu mehreren Nachbarsystemen hergestellt. Roman berichtet, wie Astronauten darin ein Leben unter extremen Bedingungen simulieren. »Denn wenn Menschen je auf dem Mond oder Mars siedeln werden, dann am ehesten in Höhlen.« Für ihn mit seinen vierunddreißigeinhalb Jahren eine durchaus verlockende Perspektive: »Ich würde gerne gehen!«

Hier unten herrschen andere Maßstäbe, hier nimmt die Ewigkeit Gestalt an. An den großen Tropfsteinbildungen sind die aufeinanderfolgenden Eis- und Warmzeitalter ablesbar. Dafür entschwindet die Gegenwart, kommt einem doch unter Tage jedes Raum- und Zeitgefühl abhanden. Was, wie schon Freud erfuhr, durchaus eine therapeutische Wirkung haben kann. Zurück in Wien merkte er »an der Wiederkehr von Einfällen bei der Arbeit, daß die Ruhe dem Apparat wohlgetan«.

STS

Die ungleichen Schwestern

Gorizia und Nova Gorica

Die eine tritt gern als große Diva auf, die andere als unbeschwerter Teenager. Die ältere gefällt sich im Krinolinenkleid mit gepuderter Perücke, die jüngere trägt Hosenanzug und bindet das Haar zu einem Pferdeschwanz zusammen. Beide sind attraktiv, die eine sogar hübsch, die andere dafür temperamentvoller. Ihr Altersunterschied könnte größer nicht sein und Familienähnlichkeit ist kaum eine festzustellen.

Kein Wunder! Sie stammen ja auch von zwei verschiedenen Vätern ab. Der eine hauchte 1918 sein Leben aus, der andere 1991. Sowohl Österreich-Ungarn als auch Jugoslawien sind Geschichte, jetzt entscheidet Europa über ihr Schicksal. Ihre Beziehung ist nicht immer die beste. Gorizia empört sich gern über die burschikose Art der »Kleinen« und Nova Gorica rümpft die Nase ob des aristokratischen Gehabes der »Großen«. Gorizia, alias Görz, repräsentiert die Gesellschaftsordnung früherer Jahrhunderte, als Kirche und Adel den Ton angaben. Nova Gorica verdankt ihre Entstehung einer Utopie, der Vorstellung von einer sozialistischen Gesellschaft in der 1945 gegründeten Republik Jugoslawien. Dass die beiden bisher eher kühl im Umgang miteinander waren, verwundert nicht. Nun, da sie 2025 Europäische Kulturhauptstadt sein werden – die erste, die sich über zwei Länder erstreckt –, sollen sie fürs

Familienfoto posieren und in die Kamera lächeln. Ob es mehr wird als eine Momentaufnahme, wird sich weisen.

Wie kam es dazu, dass beide Städte einander jahrelang die kalte Schulter zeigten? Wie stehen sie heute zueinander? Wie wollen sie die Herausforderungen der Zukunft meistern? In Nova Gorica klagen die Leute: »Unsere Stadt hat keine Seele.« In Gorizia befürchten sie: »Unsere Stadt stirbt aus.« Braindrain, Verlust von Arbeitsplätzen, aufgelassene Geschäfte … Das alles soll im Kulturhauptstadtjahr zum Thema werden. Ein Kooperationsabkommen der beiden Bürgermeister Klemen Miklavič und Rodolfo Ziberna liegt bereits auf dem Tisch.

»Go!Borderless«, der Slogan, ist zugleich Programm. Und der Bahnhof Dreh- und Angelpunkt des Geschehens. Unter seinem Dach richtete das Team der Kulturhauptstadt seine Büros ein und entwickelte ein Konzept, mit dem es sich gegen viel größere und betuchtere Städte durchsetzte. Was die Jury überzeugte, war der besondere Charakter der »Kandidatinnen« und die Expertise, die man hier im Umgang mit der Grenze bereits besaß.

Seit 1500 bilden Görz und sein Hinterland einen gemeinsamen geografischen Raum, genannt »die hinteren Ecken«. Ein großer Teil dieser »Ecken« (heute Goriška Brda, italienisch Collio) inklusive der Städte Görz und Triest fiel nach dem Ersten Weltkrieg an Italien. Jahrhundertelang zu einem Vielvölkerstaat gehörend, wurden die Menschen, egal ob mit deutscher oder slowenischer Muttersprache aufgewachsen, zu Italienern und litten unter dem wachsenden Assimilierungsdruck. Ende des Zweiten Weltkriegs besetzten jugoslawische

Truppen Gorizia, ihrer Auffassung zufolge war es eine Befreiung. Die Italienerinnen und Italiener sahen es naturgemäß anders, sie sprachen von »vierzig Tagen in der Hölle« und meinten damit die Vergeltungsmaßnahmen gegen die Anhänger des Faschismus.

Wie es dann weitergehen sollte, das zu entscheiden oblag einer Kommission aus den Vertretern der Siegermächte – USA, Großbritannien, Sowjetunion und Frankreich. Zwei Jahre lang, bis 1947, gingen die Menschen abwechselnd auf die Straße, um zu signalisieren, Gorizia sei »ihre« Stadt.

Die einen demonstrierten in der Früh, die anderen am Nachmittag. Wenn sie sich in der Stadt trafen, gab es Kämpfe. Auch Frauen waren involviert. Sie führten in ihren Handtaschen Schnitzelklopfer mit und setzten sie gegebenenfalls auch ein. Eine »Invasion der Barbaren«, hieß es auf italienischer Seite. Dazu muss man wissen: Traditionsgemäß war das Umland slowenisch und bäuerlich geprägt, während in den Städten, wo Handel betrieben wurde, die italienische Bevölkerung dominierte.

Aus einer gewissen Ratlosigkeit heraus beschloss die Kommission, vorübergehend eine Trennlinie zu ziehen. Das Territorium, das einst Italien zugesprochen worden war, zerfiel in eine von den USA und eine von Jugoslawien kontrollierte Zone. Dann kam es zu den Friedensverhandlungen von Paris. Die Tinte auf dem Vertrag war noch kaum getrocknet, da wurde 1947 in Gorizia eine Grenze gezogen – zuerst nur ein weißer Strich auf dem Asphalt, später ein Draht- und zuletzt ein Betonzaun.

Weil Titos Partisanen den Bahnhof besetzt hatten, fiel er an Jugoslawien. Über den Platz davor –

heute Trg Europa / Piazza Transalpina – verlief die weiße Linie als Trennung zwischen den beiden Staaten. Außer der Bahnstation gab es auf jugoslawischer Seite nichts als eine Häuserzeile und ein paar Vorstadtsiedlungen jenseits der Gleise. Von einem Tag auf den anderen war der slowenischen Bevölkerung der Zutritt zu Gorizia, seinen Geschäften, Ämtern, Spitälern und Kirchen untersagt.

Eine schwierige Zeit begann. Die Slowenen waren als Sieger aus dem Zweiten Weltkrieg hervorgegangen, fühlten sich hier aber als Verlierer. Sie waren von ihren Angehörigen abgeschnitten, konnten ihre Felder nicht mehr bewirtschaften und in der Stadt ihre Erledigungen nicht mehr machen. Der Eiserne Vorhang senkte sich auch hier. Ein halbes Jahrhundert lang, bis Slowenien 2004 Mitglied der EU wurde.

Der Bahnhof, 1906 von Erzherzog Franz Ferdinand seiner Bestimmung übergeben, wurde als stummer Zeuge der Geschichte zum Hauptdarsteller von Go!Borderless gewählt. Er beherbergt mittlerweile ein Museum, das anhand von Schnappschüssen und Videos die Anamnese der »Borderitis« dokumentiert, einer Krankheit, unter der hier alle – manchmal auch ohne es zu wissen – leiden.

Mit der Covid-19-Pandemie flammte sie erneut auf. Slowenien schloss die Grenzen, der Zaun auf dem Bahnhofsplatz war plötzlich wieder da. Die Jungen realisierten zum ersten Mal, was es bedeutet, vor einem Stacheldraht zu stehen. Sie wussten nicht, wie sie mit dieser Situation umgehen sollten. Sie konnten den Zaun nicht entfernen, also fingen sie an, ihn zu integrieren. Es wurde Volleyball und Tennis gespielt, und eine Border Bar schenkte Bier aus.

Im Goriški muzej, dem Bahnhofsmuseum, zeigen Fotos den Stacheldraht aus den fünfziger Jahren, der so knapp an der Bahnhofstür verlegt worden war, dass man sie in Richtung des Platzes nicht mehr öffnen konnte. Acht Jahre lang war es strikt verboten, sich der Grenze zu nähern, ja auch nur über den Zaun miteinander zu sprechen. Auf den Bildern zu sehen: eine Kuh, die über die Grenze gehievt wurde, ein Brautpaar, das sich vor dem Bahnhofsgebäude fotografieren ließ und Glückwünsche der Verwandten jenseits des Zaunes entgegennahm, lachende slowenische Frauen, die triumphierend Strohbesen in die Kamera hielten ... Das war im August 1950, als die Nachricht in Umlauf kam, die Grenze sei für einen Tag geöffnet. Ein Sturm auf den Kontrollpunkt in Rožna Dolina (Casa Rossa) setzte ein. Obwohl es ein Sonntag war, sperrten die Händler in Gorizia ihre Läden auf und machten gute Geschäfte. Auf beiden Seiten ging der Tag als »Besensonntag« in die Geschichte ein.

Ende der vierziger Jahre schlug Titos Regime immer stärker einen Sonderweg ein. Schließlich kam es 1948 zum Bruch mit Stalin. Das sozialistische Jugoslawien wurde blockfrei und der Entschluss fiel, vor den Toren des Bahnhofsgebäudes eine Stadt zu errichten: Nova Gorica. Das »neue Gorizia« sollte Ausdruck des nationalen Selbstbewusstseins, der Modernität und Aufbruchsstimmung des jungen Staates sein. Vom Dach des Bahnhofs funkelte fortan ein roter Stern. Er blieb dort bis zum 7. Januar 1991, der Staatsgründung Sloweniens.

Und wie erlebt die Generation, die hier heranwuchs, ihre Stadt? »Nova Gorica ist eine Stadt der Moderne, ein Laboratorium«, bekommt man oft zu hören. Und: »Wir sind Kinder von Proletariern, keine Bourgeois!«

Anderswo werden Gäste von auswärts zur Burg, zum Schloss oder zur Kathedrale geführt, hier dagegen zu einem unscheinbaren Architekturmodell, das veranschaulichen soll, wie Nova Gorica hätte aussehen können, wären alle Planungen des Architekten umgesetzt worden.

Dazu die Erläuterungen: »Hier die sogenannten ›russischen Blocks‹ und hier das Appartement- und Geschäftshaus ›Cebelnjak‹ (Bienenstock), beides von Edvard Ravnikar, der 1939 mit Le Corbusier zusammengearbeitet hat und von dem auch das städtebauliche Konzept stammt. Vinko Blanz, ein Schüler von Jože Plečnik, plante das Rathaus. Und das hier ist das Theater, gebaut von Vojteh Ravnikar, einem Namensvetter von Edvard.«

Auf eine Kirche wurde bewusst verzichtet. Auch wenn die Bewohnerinnen und Bewohner sich ein Gotteshaus gewünscht hätten, mussten sie fast drei Jahrzehnte warten, bis 1980 die Župnijska Cerkev Kristusa Odrešenika errichtet wurde. »Die Stadt ohne Glockenturm« sollte auf ihre Weise den neuen, den sozialistischen Geist widerspiegeln. Auch Friedhof gab es keinen. Die jüngste Stadt des Landes sei zu jung dafür gewesen, witzelt man heute, außerdem sei es der älteren Generation ohnehin lieber gewesen, in ihrem Dorf begraben zu werden.

Obwohl die Elemente des ursprünglichen Konzepts – in Rastern entlang einer breiten Allee angelegte Blöcke mit einer klaren Einteilung in Wohnen, Arbeiten, Verwaltung und Freizeit – immer noch zu erkennen sind, mussten von den ambitionierten Plänen Ravnikars Abstriche gemacht werden. Die

Arbeiten kamen ins Stocken, das Geld reichte nicht aus. Und was blieb von seinen Entwürfen? »Das Grün!« Bis heute prägen immer noch über zweihundert verschiedene einheimische und exotische Baumarten – damals Bestandteile des Entwurfs, nicht bloß Behübschung! – das Stadtbild. Wer heute durch Nova Gorica schlendert, erlebt eine Stadt, die einem Urlaubsort ähnelt. Eine gebaute Parklandschaft. Und somit ist Ravnikars unverwechselbare Planung zuletzt doch noch ein Stück weit Realität geworden.

Unter Slowenen genießt die Stadt trotzdem keinen sonderlichen Ruf. Als Schönheitsfehler empfinden viele die beiden Casinos, die aufzusuchen Einheimischen zwar nicht erlaubt war, die aber italienische Kunden anlocken sollten.

Wie um die Geschichtslosigkeit abzumildern, werden Besucherinnen und Besucher auf die umliegenden Berge verwiesen. Das weithin sichtbare Kloster Kostanjevica verwandelte sich im Laufe der Jahre in eine Pilgerstätte für Monarchisten, seit 1836 Charles X., der letzte Bourbone auf dem Thron Frankreichs, in der Gruft seine ewige Ruhe fand und alle im Exil verstorbenen Bourbonen hier begraben liegen.

Eine weitere Wallfahrtsstätte – in dem Fall für Katholiken – bildet der Monte Santo, der mit seinen fast siebenhundert Metern alles überragt. Hier soll 1539 die Gottesmutter Maria der Hirtin Orsola Ferligoi erschienen sein. Die Kirche wurde mehrmals abgerissen und wieder aufgebaut; die letzte Version aus dem Jahr 1928 ist der Basilika von Aquileia nachempfunden.

Ironie der Geschichte, dass beide Heiligtümer sich auf dem Boden der laizistischen Gemeinde

Nova Gorica befinden, was die italienische Seite natürlich schmerzt. Wie um Öl ins Feuer zu gießen und vielleicht auch, um einen eigenen Wallfahrtsort zu schaffen, wurde 1978 auf dem ebenfalls fast siebenhundert Meter hohen Berg Sabotin ein Denkmal für Marschall Tito errichtet. Von überall aus sichtbar stand in einer fünfundzwanzig Meter hohen und zehn Meter langen steinernen Buchstabenreihe »Unser Tito« geschrieben. Sie sollte hinüberstrahlen nach Gorizia, auf die andere Seite des Eisernen Vorhangs. Die Inschrift löste Kontroversen aus, mittlerweile steht nur mehr »Tito« da. Die Botschaft ist geblieben.

Dass hier nicht nur zwei Staaten, sondern auch zwei Systeme aneinandergrenzten, wog damals schwer, kümmert aber heute kaum noch jemanden. Die Situation gab allerdings Anlass zu unzähligen kuriosen Begebenheiten, über die man heute nur mehr lacht. Und weil Lachen die beste Medizin ist und auch gegen die Borderitis wirkt, haben beide Städte jeweils ein Schmuggler-Museum eingerichtet. Das slowenische befindet sich am Grenzübergang Roza, genau an jenem Punkt, der am »Besensonntag« gestürmt wurde. Es ist im Originaldesign der sechziger Jahre gehalten und mit allerlei Ikonen aus dieser Zeit ausstaffiert.

»Wir hatten das Gefühl, die Welten wechseln zu können, wie es uns gefiel«, sagt eine Mittfünzigerin im Video-Interview. »Als wir mit zwölf endlich unseren Pass ausgehändigt bekamen, setzten wir uns aufs Fahrrad, fuhren hinüber, sahen uns um und rauchten unsere ersten Zigaretten. Wir haben unter der Grenze nicht gelitten. Es hat Spaß gemacht, sich Verstecke auszudenken für die Geldscheine, die wir ausgeben wollten, oder für die Schmuggelware, die wir bekommen würden. Im BH oder im Absatz der Schuhe. Jeder hat geschmuggelt. Jeder! Eier, Schnaps, Gemüse …«

»Drüben« kaufte man Zeitungen und Bücher, die es in Jugoslawien nicht gab. Oder die neueste LP, die gerade im Radio vorgestellt worden war. Man schmuggelte sie über die Grenze und bot sie der heimischen Diskothek zum Kauf an. Umgekehrt strömten italienische Teenager in die Kinos von Nova Gorica, um Filme mit Brigitte Bardot zu sehen. Italien war viel strikter mit dem Jugendverbot. Dass beide Seiten dieses »Business« betrieben und das Prickeln beim Passieren der Zollschranke auf gleiche Weise erlebt haben, verbindet. Der Schmuggel, seine Spielarten, seine Auswüchse und die damit verbundenen Emotionen bilden eine Hintergrundmusik, die alles Trennende überdeckt.

Als Bindeglied und wichtige Errungenschaft der letzten Jahre wird auch die 2022 eröffnete Brücke über die Soča gefeiert. Sie soll Lust machen, am Wochenende loszuziehen und zu Fuß oder per Rad die Gegend zu erkunden. Rundum nichts als Weinberge, bepflanzt mit Rebula oder italienisch Ribolla Gialla, einer autochthonen Sorte, die seit Maria Theresias Zeiten im kargen Boden, egal ob er gerade zu Italien oder zu Slowenien gehörte, prächtig gedeiht. Entlang eines dem Kultwein gewidmeten Pfades stehen Aussichtsbänke im modernen Design, an denen man sich über die Weingüter und Winzer informieren und das Panorama genießen kann. Hier das historische Gorizia, dort Nova Gorica mit seinen modernen Wohntürmen. Im Nebel, der vom Fluss aufsteigt, verschwimmen die Kontraste. Die beiden Schwestern, so scheint es, schmiegen sich aneinander und ein neues Kapitel der Familiensaga ist aufgeschlagen.

IH

Zwei Wintermärchen

Die Bergsteigerdörfer Luče und Jezersko

Die Steiner Alpen mögen weniger bekannt sein als die Julischen, dafür gewähren sie ein noch ursprünglicheres Bergerlebnis. Und wo serviert einem schon der Bürgermeister persönlich die Suppe? In Jezersko geht es seit je familiär zu, und im Gehöft Šenk können die Gäste sich in dieser kultivierten Geborgenheit regelrecht einnisten. Polona und Andrej (Drejc) Karničar bewirtschaften mit ihrer Familie den fünfhundert Jahre alten Hof. Verantwortung hat Drejc von klein auf gelernt, sein Vater war vier Jahrzehnte lang Wirt auf der Tschechischen Hütte; Drejc hat seine Arbeit dann noch einige Sommer lang fortgeführt. Zugleich aber war er in den neunziger Jahren gemeinsam mit seinem Bruder Davo der wohl verwegenste Extremskifahrer der Welt. Im Hauptberuf ist er Sport- und Skilehrer, zudem leitete er lange die Bergwacht im Tal, dazu amtiert er eben auch noch als Bürgermeister und Gastgeber. Und doch gibt er allen das Gefühl, nur für sie da zu sein.

Polona hält es nicht anders. »Das hier ist unser Lebensprojekt, wir haben das Potenzial für sanften Tourismus gesehen und Šenk über zehn Jahre hinweg behutsam renoviert.« Der wuchtige und doch harmonisch wirkende Hof, ein ganzes Ensemble aus Wohn- und Wirtschaftsgebäuden, liegt wie hindrapiert vor der Nordwand des Grintovec, mit gut zweieinhalbtausend Metern der höchste Gipfel der Steiner Alpen respektive Kamniške Alpe, nach dem Hauptort Stein respektive Kamnik. Eine alte Eschenallee führt auf die Gebäude zu. Rauch quillt aus dem Kamin, die Katze streicht um die Gemäuer. Innen viel Holz, zum Teil aus alten Häusern gerettet und aufbereitet. Inzwischen hat praktisch das gesamte Dorf nachgezogen und ein Haus nach dem anderen restauriert.

Und es hat sich den Bergsteigerdörfern angeschlossen, einem Verbund von drei Dutzend Gemeinden im Alpenraum, die sich als Träger einer authentischen alpinen Kultur verstehen. Das Gros davon liegt in Österreich, einige in Bayern, Südtirol, der Schweiz und den italienischen Seealpen. In Slowenien kam dann auch noch Luče hinzu, ebenfalls in den Steiner Alpen gelegen. Um Aufnahme in diesen rustikalen Klub zu finden, müssen Kandidaten sich durch ein nachhaltiges Profil auszeichnen sowie eine gewisse Tradition als alpine Refugien haben. Sie sollen weder nennenswerte Lifterschließungen aufweisen noch größere Kraftwerksbauten, sollen mit öffentlichen Verkehrsmitteln erreichbar sein, nach wie vor Landwirtschaft betreiben, örtliche Produkte anbieten – und eben gut für Bergsteiger und Naturliebhaber sorgen. Mit anderen Worten: Es soll noch möglichst viel von dem vorhanden sein, was das bäuerliche Leben in den Alpen allgemein ausmachte, bevor der Massentourismus, diese eigentliche Achtundsechziger-Revolution, es vor gut fünfzig Jahren ereilte. Dabei besitzt Slowenien aufgrund der Zeitverzögerung beim Aufgehen des Eisernen Vorhangs heute einen Startvorteil. Es zeigt sich, dass die »verlorenen Jahre« ein Kapital darstellen, dass fehlende Entwicklung auch fehlende Zerstörung heißt. Von wenigen, örtlich begrenzten Ausnahmen abgesehen, gehört seine Bergwelt zu den intaktesten der gesamten Alpen.

Wenn es im Tal auch unterschiedliche Interessen gibt, so herrscht doch Einigkeit darüber, dass man sich dem schnöden Mammon nicht gänzlich unterwerfen will. Keine Bettenburgen, keine Seilbahn, Begrenzung des Tagestourismus. Häufig fällt in Gesprächen mit Dorfbewohnern das Wort »Freiheit«. Sie stellt unter ihren Werten das dar, was der Grintovec unter den Bergen ist, das Nonplusultra.

Wenn sie selbst sich eine Dosis davon verschaffen möchten, so steigen sie einfach in die Loipe, die an der Kirche beginnt und sie wie ein Fließband sacht ansteigend bis zum Fuß der Nordwand befördert, wo Hirsche und Gämsen die Spur kreuzen. Oben in der Wand hieven sich Eiskletterer an einem gefrorenen Wasserfall empor. Ganze Geschichten stehen im Schnee geschrieben: Hier hat ein Wiesel eine Maus gejagt, dort ein Raubvogel einen Hasen geschlagen. Und stößt man gar auf eine Kette tellergroßer Stapfen, so hat ein Luchs dort sein Revier. Dank solcher Lebenszeichen wirkt die stille, winterstarre Landschaft mehr und mehr bevölkert. Im Sommer ziehen zudem Steinböcke über den Grat herüber.

Nur wenige Gebiete in Slowenien sind derart zum Langlaufen geschaffen, bieten zugleich Höhenlage und flaches Terrain. Das verdankt sich einem bis ins Mittelalter hier befindlichen Gletschersee, der dann infolge eines Erdbebens abfloss und verlandete. Daher der amphibische Name Jezersko: »Seeland«. Mittlerweile ist auch der Gletscher fast dahin, nur ein kümmerlicher Rest harrt noch unter der Skuta aus, als letzter in Slowenien. Vor hundert Jahren verschwanden noch Kletterer in seinen Spalten, nun verschwindet er selbst. Als Reminiszenz an den verflossenen See wurde ein Weiher angelegt, der im Winter zum Schlittschuhlaufen lädt. Eine Rodelbahn für Rutschpartien gibt es natürlich auch.

Jezersko kokettiert damit, dass sich hier seit je die Vogelfreien niederließen, dass sie eine verschworene Gemeinschaft bilden, ein kleines, rustikales Shangri-La. Tatsächlich macht die spezielle Mischung aus Aussteigern und Alteingesessenen seinen Charme aus. Da ist etwa Familie Smrtnik, die einen der ältesten Höfe hoch droben am Hang bewirtschaftet. Sie liefern das zweite Stichwort: »Reinheit«. Als sie vor fünfundzwanzig Jahren auf biologische Erzeugung umstellten – keine Pestizide, kein Kunstdünger, keine Pasteurisierung, kein Silo –, taten sie das vor allem für sich. Und waren dann erstaunt, dass die Nachfrage nach ihren Produkten immer weiter stieg. Neulich ließen sich Besucher selbst durch starkes Schneetreiben nicht davon abhalten, vom Tal heraufzusteigen. Demnächst werden sie einen Automaten unten neben der Tankstelle aufstellen, da können die Kunden dann Käse, Salami und Marmeladen erstehen. Für Sommerwanderer werden sie auch wieder ihr beliebtes Paket auflegen, den Picknickkorb mitsamt Schafwolldecke, um sich damit unter die Bäume zu setzen.

Auch die Ahnenreihe von Mija Murovec reicht fast bis zu den Pionieren zurück. Ihr Familienalbum kann es mit jedem Roman aufnehmen. Vergeistigte Nonnen finden sich darin ebenso wie mondäne Damen, vierschrötige Bergbauern ebenso wie Mitglieder des Malteserordens, die nach Jerusalem pilgerten und sich dort in orientalischer Tracht ablichten ließen. Die pensionierte Lehrerin wohnt in einer schnuckeligen Kate, die sie selbst entworfen hat, nicht mehr Hütte und noch nicht Haus. »Sie ist nur zu klein für meine vielen Hobbys.« Unter denen das Verarbeiten von Wolle obenan steht. Fein zwirbelt sie die Fasern auf, tritt das Pedal und lässt das Spinnrad rattern. Traditionell kamen die Frauen verschiedener Höfe für diese typische Winterarbeit zusammen, tauschten dabei Neuigkeiten aus und sangen. Spinnen war das Facebook der Altvorderen. Die Männer gesellten sich rein zufällig dazu, setzten ihr Werkzeug instand oder machten Musik. Dabei begutachtete man sich gegenseitig, und manchmal durfte ein Kavalier der Dame seines Herzens das Spinnrad nach Hause tragen. Diese Tradition sei so alt wie Jezersko, meint sie, und doch muss sie fürchten, die fast schon letzte Mohikanerin zu sein. Denn nicht nur die Kunst des Spinnens stirbt aus, meint sie, es gibt auch niemanden mehr, der Spinnräder herzustellen wüsste. Nur Schafe finden sich im Tal noch in ausreichender Zahl, etwa so viele wie Bewohner, rund siebenhundert. Deshalb zählt auch die Produktion von Filz zu Mijas Steckenpferden, für Pantoffel, Hüte, Wandbehänge: »Dazu braucht es nur Wolle, heißes Wasser, Seife und Liebe.«

Auf ein ganz anderes Naturprodukt hat sich Tanija Rebolj verlegt: Sie destilliert Kräuterschnäpse. Über zwanzig zählt ihr Sortiment, die Krönung enthält hundert Bergblumen und -kräuter, immerhin ein Zehntel aller hier vorkommenden Pflanzen. Dazu grast sie in weitem Umkreis Wiesen und Almen ab. Das botanische Wissen fiel ihr einfach zu, sagt sie,

sie entpuppte sich buchstäblich als Naturtalent. Gelernt hat sie etwas ganz anderes: Sie war Berufssoldatin. Dabei flog sie häufiger im Hubschrauber über das Tal und entdeckte es so für sich. Nach fünfzehn Jahren ins Zivilleben zurückgekehrt, führt sie mit ihrem Mann eine Pension, bietet Campingstellplätze hinterm Haus an und frönt eben ihren Schnapsideen. Ihre besten Kundinnen, meint Tanija, seien die Frauen. Die kämen auch mal mit einer neutralen Flasche und verlangten »diese spezielle Mischung da, Sie wissen schon, wie Viagra. Am besten gleich drei Liter; sagen Sie es nur meinem Mann nicht.« Wenn dagegen junge Leute fünf Flaschen für eine Party haben wollen, schickt sie sie weg. »Die erweisen der Natur keinen Respekt, und mir auch nicht.« Respekt – das dritte Stichwort. So trägt jeder auf seine Weise zum Geist von Jezersko bei.

Andreja Košir ist erst vor einigen Jahren aus Ljubljana hergezogen, »jetzt mache ich hier rund ums Jahr Urlaub«. Vor allem aber hilft sie anderen dabei, wieder mit sich und der Welt ins Lot zu kommen, indem sie sie zum »Waldbaden« einlädt. Auf kleinen geführten Exkursionen nehmen die Teilnehmerinnen und Teilnehmer die Natur mit allen Sinnen auf. Insbesondere akustisch, da Andreja alle Geräusche mit einem Richtmikrofon näher heranholt: das Wehen des Windes, das Knarzen der Lärchen, das Knacken des Eises. Vogelstimmen rücken derart nahe, dass man glaubt, sie zwitscherten einem ins Ohr. Gegen Ende des Winters erbeutet ihr Aufnahmegerät manchmal auch Lawinen, »ein prächtiges Geräusch«. Im Sommer bietet sie zusätzlich Yoga im Wald und nächtens Sterngucken an. Da liegen die Teilnehmer dann auf Matten im Gras und schauen ins Unendliche. Was auch dadurch begünstigt wird, dass das Dorf ab halb elf seine Straßenbeleuchtung abschaltet. Grundsätzlich sollen die Gäste Andreja für die Zeit des Waldbadens ihre Mobiltelefone übergeben, am besten auch ihre Uhren. »Sonst sind sie nicht mehr im Augenblick.« So weit haben wir es schon gebracht, dass das Künstliche uns zur zweiten Natur geworden ist, die uns der ersten entfremdet. Und so gerät die Exkursion auch zu einer kleinen Entziehungskur – um uns digitale Junkies zumindest für ein paar Stunden von der Nadel wegzubringen. Und uns dafür der Natur zu öffnen, als dem vielleicht größten Luxus unserer Zeit.

Österreich liegt nur einen Schneeballwurf entfernt. Einem alten Handelsweg folgend führt die Dorfstraße hoch zum Seebergsattel. Viele Familien, darunter die von Mija und Polona, besaßen auch Wald und Weiden auf der Nordseite des Kammes, die nach 1919 bei Kärnten verblieb. Trotz aller historischen Umbrüche wurde er dort nie angetastet – während die Kommunisten sich nach 1945 allen nennenswerten Besitz im Tal unter den Nagel rissen.

Schwenkt man am Fuß des Übergangs nach Osten ins Logartal, so gelangt man bald wieder auf slowenisches Gebiet. Folgt man dann der Savinja, zu Deutsch Sann, einem der schönsten Gebirgsflüsse des Landes, so führt sie einen nach Luče, ins zweite Bergsteigerdorf. Es versteht sich als ein Nest im guten Sinne. Gleich am Ortseingang stehen am Hochufer ein Dutzend Holzhäuschen wie eine Zwergenkolonie beisammen. Sie bergen eine Schuster- und eine Schreinerwerkstatt, eine Apotheke, eine Schmiede, eine Mühle, ein Backhäuschen. Kapelle und Gasthaus dürfen nicht fehlen. Hier, so die Grußbotschaft, hält man vergangenen Zeiten noch etwas die Treue. Bernarda und Jaka Matijovic haben ihr Haus an der alten Sägemühle gar gänzlich zum Heimatmuseum umgewidmet.

Die Sonne lugt hervor, und schon scheinen tausend Lichtflämmchen auf der Savinja zu tanzen. Ein Stück weiter ragen dann zwei veritable Baumhäuser am Ufer auf, flankiert von historischen Wirtschaftsgebäuden. Dieses pittoreske Gelände gehört zur Hiša Raduha, einem traditionsreichen Gast- und Gästehaus, das Martina Breznik und ihre Familie mittlerweile in der fünften Generation betreiben. Ihre vornehmste, doch auch schwierigste Aufgabe besteht darin, ihre Gäste zu stoppen. Sie aus der städtischen, modernen Sphäre in die zeitlose Wirklichkeit des Dorfes und der Natur herüberzuholen. Dabei kommt dem Fluss eine fast therapeutische Funktion zu, aber auch anderen Elementen wie der Erde und der Luft.

Ohne dass sie viel Aufhebens davon macht, stiftet Martina ihre Gäste zum Zen-Urlaub an. Bis sie sich von selbst fragen, worin Qualität besteht und wie sie die zur Richtschnur ihres Handelns machen können. Diese kontemplative Linie setzt sich beim Abendessen fort. »Unsere Küche ist eine Hommage an die Region.« Im Winter kommen viel Forellen, Pilze und Wild zum Einsatz, Wintergemüse aus dem Hausgarten und Äpfel aus dem Keller. Auch wenn sie 2006 zur Köchin des Jahres in Slowenien gekürt worden ist, auch wenn Gäste von weither ins Hiša Raduha kommen – alles Gezierte, Gekünstelte widerstrebt Martina. »Wir pflegen authentische Beziehungen zum Dorf wie zur umgebenden Natur.« Authentizität – notieren wir das als viertes

Stichwort. Rund ums Kochen ist in diesen Tälern eine Kultur gewachsen, als deren Bewahrerin und Interpretin sie sich versteht. »Ich möchte, dass meine Gerichte in Erinnerung bleiben, bei der Familie wie bei den Gästen.« Abends auf dem Zimmer dann wieder Kontemplation, begleitet nur vom Rauschen des Flusses, dem Schlagen der Turmuhr, dem unerhörten Ruf eines Waldkauzes. Das ist alles. Das *ist* alles.

Auch Luče hat sich einem naturnahen Tourismus verschrieben und bietet statt Pistengaudi etwa Schneeschuhwanderungen an. Was noch vor zehn Jahren eher eine Verlegenheitslösung für Skimuffel und Senioren war, wird inzwischen von einer breiten Klientel nachgefragt. Kein Wunder, entführt uns doch schon eine Halbtagestour wie die auf die Lepenatka, einen gut vierzehnhundert Meter hohen Aussichtsberg, in eine gänzlich andere Welt. Wie ein Rudel Yetis stapfen und stochern wir bergan, eine Safari in Schuhgröße hundertvierzehn. Die künstlichen Tatzen sind anfangs ungewohnt, doch am Ende läuft beziehungsweise latscht man, als wäre man damit zur Welt gekommen. Zu mehreren im Gleichschritt schallt es wie ein Raupenfahrzeug. Seit dem letzten Neuschnee ist niemand hier gegangen, vielleicht den ganzen Winter noch nicht. Im Sommer würde man hier von Kamikazeradlern über den Haufen gefahren, so aber hat man die Bergwelt ganz für sich. Kleine Eiszapfen funkeln an den Überhängen, Tropfsteine auf Zeit. Schnee flockt von den Zweigen, die Sonne bricht sich Bahn. Auf einem Sattel ist dann die Baumgrenze erreicht, die letzten hundert Höhenmeter wirken fast schon hochalpin. Immer weiter öffnet sich das Panorama, und zu unseren Füßen schiebt ein unsichtbarer Himmelskehrer Wolken und Nebelbänke schwungvoll hin und her. Hier reißen sie auf, dort ballen sie sich zusammen. Die Vorberge gleißen im Gegenlicht, und von Nordwesten grüßt, nun von der anderen Seite, der Grintovec huldvoll herüber.

STS

Dank

Unser besonderer Dank gilt Žana Marijan und Urška Pavačič vom Slowenischen Tourismusbüro in Wien, die unsere Recherchen möglich gemacht haben.

Herzlichen Dank auch an Jürgen Blume, Janež Bogataj, Janež Bratovž, Jan Ciglenečki, Mitja Fajdiga, Klavdija Figelj, Helmut Fischer, Marko Fon, Samo Gardener, Tanja Godnič, Monika Goodenough-Hofmann, Univ.-Prof. Mag. Dr. Elizabeta Jenko, Zora Jurić, Alexander Kaimbacher, Polona und Drejc Karničar, Tomaž Kavčič, Erwin Köstler, Prof. Mihael Kovač, Prof. Maximilian Moser, Madeleine Napetschnig, Boris und Myriam Novak, Saša Ostan, Ago Špacapan, Rok Teul, Etienne Thierry, Katja Tominec und Goran Živec.